JN152813

少ない予算で、毎日、心地よく

美しく暮らす36の知恵

加藤ゑみ子

Discover
ディスカヴァー

編集部より本書のご紹介

ただのシンプルでは飽き足らないあなたへ

LESS（より少なく）、SMALLER（より小さく）――一〇年以上前、アメリカに始まった、できるだけ少ないもので、簡素に暮らす、シンプルライフ志向は、リーマンショックを経て、日本発の「断捨離」ブームや「コンマリ」ブームもあって、先進国の間では、すでにひとつのライフスタイルとして定着したかのように見えます。

その影響からか、究極のシンプルライフともいえる日本の僧侶の暮らしから学ぼうと、ZENの人気も高まっています。

ものはできるだけ少ないほうがいい、住まいにあふれる多くのものをいかに捨てるか、が大きな課題となって、さまざまにその方法を書いた本が、欧米でも日本でも数多く出版されています。

その目的はといえば、究極的には、お金に執着せず、ものを捨て、部屋を片付けることによって、余計な執着、迷いも捨て、心も整理し、心地よく心豊かな人生を送ることでしょう。

けれども、ただ、やみくもにものを減らし、シンプルにすれば、その目的は達成されるのでしょうか？　簡素もいいけれど、それだけでは味気ない、という方もいらっしゃるのではないでしょうか。

ただ、シンプルにするだけでなく、そこにはやはり「美しさ」がほしい……。

そういう「同志」のみなさんにお届けするのが、『無駄なく、豊かに、美しく生きる30のこと』（二〇一一年初版刊行）を通して、著者の加藤ゑみ子先生が投げかけていらっしゃる「美しいものしか置かない。そう決めれば、ものは少なくなります」という強烈なメッセージです。

持つべきものを選択するとき、自分の振る舞いを振り返るとき、自分の生き方を選択するとき、「それは美しいか？」と問うこと。するとそれは自ずと、豊かで心地よいだけでなく、機能的で理にかなったものとなり、結果として経済的にもなります。

いろいろな基準があってよいでしょうが、美しさをその基準とする生き方、暮らし方こそが、シンプルライフ志向の次のステージではないでしょうか。

というわけで、『無駄なく、豊かに、美しく生きる30のこと』の中から、より実践的な項目のみを選び出し、改稿のうえ、再構成したのが本書です。

シンプルな生活だからこそ味わえるほんとうの豊かさ。丁寧で美しく、潤いのある、簡素な生活。いわば、シンプルライフの上級編です。

前著をお読みになっていない方はもちろん、お持ちの方であっても、いつも手元に置いておきたい美しい暮らしのテキストとなるものと思います。

美しさや上質さは、予算とは関係ありません。現時点における美的感覚とも関係ありません。なぜなら、「美しい」を基準に判断しようと決めた時点で、個人差はありますが、少しずつ美的感覚は磨かれていくものだからです。その過程もまた、心豊かで心地よく、なにより心ときめく美しい毎日をつくります。

美しい暮らし、美しい人生へ、ようこそ。

ディスカヴァー・トゥエンティワン　干場弓子

もくじ

中級編　無駄をなくす――65

初級編
自分自身の「定番」を見つける

01

便利そうなものに、惑わされない

わたくしたちの生活は、すでにずいぶん便利になっているのに、ちょっとテレビやネットを見ると、まだこれでもかと、便利そうなものが次々に考えられては、売り出されています。まるで、世の中はとことん便利でなくてはいけないかのようです。

では、便利なものとは何かというと、時間と手間を減らしてくれるものです。

昔の日常生活は肉体労働がすべてでしたから、そこから解放してくれる家電は、まさに救世主。と同時に、家事とは、人生の楽しい時間を増やすためにも、できるだけ手間をかけない、時間をかけないで行うべきこと、とされてきました。ですから、より素早く、より手軽にと、わたくしたちは便利さにとことん走ります。

多目的に使えるものも便利に見えます。一台で何役もこなすので、持つものの数も減ります。

たとえば、ミキサーとジューサーとスライサーがいっしょになったもの。これは、スムージーも澄んだジュースも毎日飲む、パン粉や挽肉もケーキも自分でつくる、という人にはたしかに重宝かもしれません。使いこなせればいいのです。問題ありません。

でも、多くの場合、はじめはそれがおもしろくて楽しめますが、何かひとつ困ったことが起きると、使わなくなります。かえって、手入れが面倒で、便利でなかったりします。

それに、たいていそういうものは図体が大きいうえに、美しくありません。

これに対し、長い時間をかけて使われてきたものは、実は見かけによらず便利になっているものです。しかも美しい。

便利そうな新しいものを見たら、買い求める前に、便利さだけでなく、使いこなせるかどうかをシミュレーションしてみてください。

そして、たとえほんとうに便利そうなものでも、色や形が気になるとしたら、やはり手に入れるのはやめることです。あとで飽きてしまったとき、きっと、その色や形が腹立たしくなってしまいますから！

つまり、便利さに惑わされないためには、便利ということ以外の条件を厳しくすること。その筆頭は美しさです。

便利なだけでなく、美しくなくては使わない、そう決めることから、シンプルで美しい生活が始まります！

チェックポイント！

一見便利そうだけれど、結局使わないで放置されがちなものは、やはり家電に多いようです。それも、大半はキッチン回りに（それも戸棚のずっと奥に）潜んでいます。一度全部取り出して、どうするかを決めましょう。つまり、使いやすい場所に移動して徹底的に使いこなすか、あるいは処分するか、一つひとつどちらかに決めるのです。

家電が便利なのは、人力を使わず電力がそれに代わってくれるからです。電気のクレープ焼き器、ホットサンドメーカー、たこ焼き器……いずれも、なくてもできることなのですが、つい、おもしろそう、便利そうと買ってしまいがち。でも、結局、セッティングが面倒だったり、手入れが面倒だったりして（電気器具は水洗いできない部分が多いですので）、いつのまにかキッチンの奥にしまわれて、今度は取り出すのが面倒で……というケースが少なくないのです。

捨ててしまったら、いざというときに困るかも、などと心配する必要はありません。たいていのことは、手作業でできます。電気代をかけなくても、電力不足や停電になっても、だいじょうぶです。

洗濯機や炊飯器、電子レンジなどのように、電気を使うことによって明らかに便利になったものもありますが、多くのことは、たんに、いかにも便利そうなのでつい買ってしまっただけのもののはずですから。

でも、卵の白身の泡立て（メレンゲ）は、手動でつくったほうがきめが細かくて美味しく、美しい。ジャガイモなどの皮をむくピーラーはたしかに便利ですが、それ以外のスライサーについては、たいてい包丁を使いこなせば、ことが足ります。とんかつ屋さんみたいなキャベツの千切りだって！

ロボット掃除機は便利ですが、家具の多い狭い部屋では、一般的な掃除機か昔ながらのほうきや雑巾のほうが手間をかけずにきれいになります。

〈今日から始めよう〉

①自分の手でできることは家電に頼らない。
②家電を使う場合は、その便利さを徹底的に利用する。
③使っていないものは、処分する。
④手作業用の道具を吟味して選び、使いこなす技術を磨く。
⑤家電や便利グッズを使うことでどの程度時間が浮いたか、確かめてみる。

02

雑貨や道具は、美しいものしか買わない

美味しい家庭料理をつくるには、つくるときの「便利さ」より食べるときの「美味しさ」に留意することです。そのためには切ったり加熱したりするための「道具」を吟味することがとても重要になります。

初心者がプロの道具を使いこなすのには時間がかかりますが、いい加減な道具では、美味しくするにも限界があります。やはり最初から、本物の道具を選びたいものです。

では、どうやって本物の道具を選んだらよいのでしょうか。

いろいろ使ってみないとわかるものではないとあきらめずに、まずは、その道具が美しいかどうかで選ぶことです。美しい道具はバランスがよく、使い勝手もよいものです。

色が気に入らない、形が納得できないけれども、便利そうだし、お安くなっているからとりあえず使ってみようかしらと選んだものは、結局、使わなくなるか、邪魔になるかのどちらかです。

たとえば、切る作業は包丁でできるのに、スライサーなどのカットのためのマシンも便利そう、と安易に買ってしまう前に、その道具の機能が自分の料理に必要かどうか、その道具が置かれるキッチンの状態はどうなるかなどと想像してみることです。

美的に許せるなら、たとえふだんは使わなくとも、手のケガなどで包丁が使えないときに役立ちますから、購入してもよいでしょう。

道具は、美しいことと使い勝手がかなり一致します。いわゆる「用の美」です。

美意識が高い人は、「少し便利だけれどどうかな？」というものは購入しません。

便利がすべてではないのです。「美しい」がすべてです。

でき上がった料理も、まずは視覚で味わいます。

美しいことは美味しいことなのです。

美しい器に魅せられたら、器自体よりも、料理を盛りつけたときの美しさを想像して選んでください。器と料理が一体となった美しさが、料理を美味しく見せます。

チェックポイント

住まいに若い方の関心が少し向けられてきているようです。その入り口ともいえる雑貨がずいぶんと豊富になりました。家具といっしょにおもちゃ箱のように楽しそうな雑貨を置くお店が並ぶエリアも生まれ、それにつれ、若い男性たちも家具に興味を持ち始め、家具を扱う店が集まる通りも形成されつつあります。徹底的にものを減らす暮らし方が流行する一方で、趣味の雑貨の人気も高まっているのです。

なかでもキッチン小物は、使い慣れたものがあっても、傷んだり汚れたりすると買い替えたくなります。実際、気づかずに使っていると、意外にこれがキッチンを煩雑に見苦しくしているものです。

しかし、最近の生活雑貨に多いのは、強い色のシリコン樹脂のもの。たいていは、ビタミンカラーといわれる、若草色、オレンジ、黄色などです。耐熱、耐水、丈夫で、いかにも便利ですが、思いつきで買っていると、いつのまにか雑多となり、かえってキッチンを猥雑に見せます。

雑貨も、食器と同様、白を基本に、テイストを統一すること。そして、美しいものしか置かない、と厳密に決めることです。いただきものがあっても、空間に合わないものは手放す覚悟が大事です。

さまざまな形のカラフルな容器に入っている液体洗剤などは、メーカー名の書かれていない白や半透明のものに詰め替えて使うだけで、素晴らしくすっきりします。

さっぱりと美しいキッチンに見えるとしたら、人知れず、電子レンジ、炊飯器などの電化製品はもちろん、ゴミ箱から食器洗い用のスポンジやボウル、キッチンタイマーなどに至るまで、徹底的に、色と形にこだわって選ばれているのです。

〈今日から始めよう〉

①古くなって汚れてきたキッチン小物は買い替える。
②買うときには、美しさを基準に、テイストを統一する。
③食器は、食器そのものの美しさではなく料理を載せたときの美しさで選ぶ。
④道具は、形状が美しいものを選ぶと、機能性についても失敗しない。
⑤日常必需品の雑貨や消耗品は、センスを磨くつもりで、「便利だから」ではなく「美しいから」買う。

03

シンプルを目指す

日本人の多くは、年齢にかかわりなく、基本的にシンプル好みです。素材、色彩、形状、光など、要素がいろいろ絡んでも、それをシンプルに見せるのは、昔から日本人の得意とするところです。

日本の造形物の多くは、簡素・簡潔なものが多く、金銀、宝石などを施したヨーロッパの貴族文化と比べると、豪華さは控えめではありますが、形状、材質、機能の豊かさにおいて引けをとることはありません。そして、それらが素晴らしいのは、必要十分に削ぎ落とされたあとに残るものだからです。

シンプルを目指すのは、ものの形も機能も人との会話も、すべてよけいなものがないことで、かえって豊かになるからです。

削ぎ落とすのは豊かさのためです。煩雑さをなくすだけでなく、別の大切なことを探し出すためです。いわば、豊かさのためのシンプルです。

不要なものがないことで、ほんとうに大切にしたいことが表現できます。

ものをたくさん持つことが贅沢ではないと、ものに頼らない日常生活をおくることに新鮮さを感じます。

最小限でも生活は成り立ちます。昔の一般的な日本人の生活はミニマムなものでした。ひとつの部屋が寝室にも食堂にも変化し、それもちゃぶ台と寝具が出入りするだけで成り立っていたわけですから。

とはいえ、昔に戻れといいたいわけではありません。昔の生活には、それが成り立つ背景がありました。貧しさというより、当時の質素・簡素・簡潔を支えていた、現代とは違ったルールがあったのです。今の時代のシンプルを極めるとは、現代のミニマムを考えることです。

ひとり住まいを始めるときは、シンプルな生活をスタートさせるチャンスです。身近な生活具をそろえることになりますが、ここで重要なのは、「とりあえず」という考え方を排除すること。

キッチン道具にしろ、家具にしろ、衣服のように複数必要となるわけでもなく、また、思いのほか長持ちします。「とりあえず」と妥協して買ったものが、生涯あなたについて回るかもしれないのです。最初から、家具は一生自分について回るもの、と考えて、ついて回ってもよいと思うものだけを買うようにしましょう。

常に、削ぎ落とすことで、何が大切かがわかります。

チェックポイント

シンプルな衣装といえば、ワンピースです。それも、できるだけシンプルなデザイン。なかでももっともミニマムなのは、襟も袖もないもの。アクセサリー使いによってはお洒落着にもなりますし、ジャケットを羽織って仕事着に、ジャケットとセットのアンサンブルならフォーマルなお出かけ着に、カーディガンを羽織ればふだん着にもなります。

スカート部分の広がり具合がタイトなものは、きりりとした雰囲気に、Aラインのものはフェミニンになりますので、目的によって決めます。

丈は、ミモレでもミニでもなく、ひざ丈を中心に、脚が長く美しく見える長さを決めておくのが、少ない数の服で、さまざまなバリエーションを楽しむコツです。

素材は季節によりさまざまですが、ニットは体形を整えておけば便利に着こなせます。収納の際も引き出しやボックスに収まりますし、旅行や出張にも荷物がかさばりません。

小物使いの達人になれば、「最小限ワードローブ」も不可能ではないでしょう。

次に住まいのシンプルさを考えてみましょう。シンプルな住まいの基本は、

・ものを見せないこと
・片付けること
・ときどきに処分すること

です。

購入しなくても、ものは増えます。しまってあったものを出してそのままにしておくからです。出す回数と同じか、それ以上に片付けることでシンプルさは保てます。いただきものや好みに合わないものは、気持ちだけいただいて処分します。

出したらすぐ片付ける、贈答品やノベルティは一晩で使うか処分するか決める――片付けの繰り返しこそ、シンプルな住まいの基本です。

シンプルな住まいでは、当然、ものは必要最低限しか置きません。したがって、飾るものは数で増やさず質を上げて取り替えます。コレクションは基本的にしません。それによって、掃除もしやすく、清潔さを保つことができます。

〈今日から始めよう〉

①基本的に、最小限のものしか持たない。
②ノースリーブ・ノーカラーのシンプルなワンピースのお洒落に挑戦する。
③出したらすぐ片付ける。
④家具は、とりあえずの安物ではなく、吟味してよいものを買う。
⑤あれも好き、これも好きと、好みの幅を広げない。

04
色柄に惑わされない

衣服であれ、食器や家具であれ、ものをそろえるときに重要なのは、色柄に惑わされることなく形状から決めることです。

色は好みもあるでしょうが、上質・良質を見極めていけば、いずれよい色に出会えます。最初は迷わず白にしてください。

これは、食器や雑貨など、煩雑になるものについては、特に基本といえます。

たとえば洋食器を、柄の美しさに目を奪われて、デザート皿はこれ、メインディッシュ皿はこれ、スープ皿はこれ、コーヒーカップはこれ、などとばらばらに買っていくと、美しいテーブルセッティングは成り立ちません。白い磁器を基本にしておけば、将来、気に入った色柄の食器に出会ったときにも、それと組み合わせることができます。

タオルやシーツなどのリネン類は、ここばかりは奮発して（洋服と比べれば安いものです）高級ホテルにあるような上質な白に統一しましょう。限られた予算で、美しく上質な暮らしをするための基本中の基本です。

　色柄に惑わされることなく、質のよい素材の布を身近に置くことで、上質なものを見る目が養えます。そして、肌触りのよいタオルで、顔や身体を拭き、包み込むときのあの豊かな安心感。動物としての人間の基本が触覚にあることを思い出させてくれるでしょう。


　住まいの色も、白を基調に、白をどのように生かすかがポイントとなります。色彩は、経年変化の早いものです。白には、汚れ、黄ばみという弱点がありますが、ほかの色も三年も経てば変化しています。

　全部を白にしてしまうのはたやすいことですが、それでは白の豊かさも、ほかの色の大切さも考えなくなってしまいます。つまり、白以外の色が使えなくなってしまいます。住まいでは、適材適所に異なる素材を組み合わせたいものです。白に合わせる木質の茶も、白の色味を意識して決め、分量のバランスを考えます。


　白は主役であると同時に、ほかの色の引き立て役ともなるのです。

　白が持つノーブルさを追求する場合でも、すべてを白にするのではなく、ノーブルな白を損なわない別な色が必要です。

チェックポイント

服選びについても、まず重要なのは、形から選ぶこと。色に惑わされないことです。白と黒は誰にでも無難な色ですが、黄色人種である日本人の肌の色はやや黄色味が入っているので、白といっても、黄色味の入った白が似合う人が多いようです。白というよりアイボリー、または生成りの白が無難です。

マットな黒は、カジュアルに気楽に着ることができ、白より着こなしやすい色です。ほこりっぽさを感じさせないことが大切です。

ウール、ニット、カシミヤ、コットンなどの黒は昼間のものです。

二〇世紀初め、マドモワゼル・シャネルが、当時喪服の色だった黒をソワレ（礼服）の色として定着させ、いわゆるリトルブラック・ドレスをカクテルドレスの定番とさせて以来、夜のドレスはなんといっても黒です。素材は、ベルベット、レース、サテン、シルクジョーゼットなどが最高に美しく、アクセサリーが映えます。

白や黒はほかの色とも合わせやすく、黒や白を楽しむためにも、少しの彩りをプラスして変化を楽しみます。黒に濃いめの個性的な色を加えると、黒がより魅力的になります。ベージュと組み合わせると、上品になります。

日本人に着こなしやすい白や黒以外の色彩というと、やはり、日本的な自然の色であるグリーンやベージュ、藍色や季節で咲く花の色がおすすめ。その季節に合わせて着ると、浮き上がることなく似合うものとなります。色の基本をおさえておけば、色柄に惑わされることがなくなります。

〈今日から始めよう〉

①服も食器も、色柄ではなく、形から選ぶ。
②住まいの色は、白をいかに生かすかが決め手。白を基本に、自然の色を加える。
③服は、誰にでも似合う黒と白を使いこなす。
④ホームリネンを白の上質なものにする。
⑤好みの色は一色だけにしてみる。加える色はそれを引き立てる色にする。

05

自分に似合うスタイルを知る

好きなことと得意なこと、どちらを仕事にするべきか？　とよくいわれます。それらが一致していればいいのですが、（理由はともかく）往々にして異なることが多いから、悩ましい。同じようなことが衣装選びについてもいえます。自分が好きなスタイルと人から見て似合うものが必ずしも一致しないのです。

お洒落上級者ともなれば、もともとは似合わない色や形の服も、巧みに自分らしく着こなしてしまうものですが、なかなか簡単なことではありません。

さて、どうすべきでしょうか？

結論からいうと、「好き」より「似合う」を優先させることです。

「きれいな色だから着てみたかった」などというふうに、わたくしたちはまず色にとらわれがちで、その点、似合う色が好きな色の方は幸運なのですが、多くの場合は、好きな色が自分に似合う色とは限りません。色に惹かれてほしいと思った場合は、いったん色のことは忘れるのが賢い選び方です。

一般に、デザイナーは色からは考えません。まず形です。それから、素材、次に、色の順です。この形にはこの素材、この素材にはこの色彩がふさわしい、という原則があるのです。

つまり、衣装選びは形から入るのが正解です。まず、形状が似合うかどうか。形状が似合えば、あとは、その形にふさわしい素材なのか、色は自分に似合うのかを検討すればいいのです。

そして、好みと似合うものがなかなか一致しにくいのは、そもそも自分の現実を受け入れていないからなのかもしれません。逆に、好みのものが似合うものでもあるとしたら、あなたが自分のイメージを正しく認識している、ということでもあるのです。

「よく似合っているわね」と親しい人からいわれたら、それほど好みのものでなかったとしても、それがあなたに似合う、自分らしいスタイルなのかもしれません。

似合うものと好きなものが一致していれば、飽きることなく長く着られますから、少ないアイテムで美しく心地よく毎日を過ごし、自分を表現していくことができます。

それは自分を好きになり、自分を大切にすることでもあります。

チェックポイント

似合う服を見つけるには、一度、自分のワードローブで、テイストチェックを行ってみることをおすすめします。方法は簡単。自分のものだと思わずに、この服が似合う人はどんな人なのか、想像しながら分類してみるのです。

何人もの人のイメージが出てきたら要注意！　どれが自分にもっとも似合っているかを、もっと強く意識しなくてはなりません。

テイストがひとつなら安心です。その中からより似合うものをしっかりと意識します。似合うということは、いつもよりとりわけ美しく見えるということです。

色については、白とベージュ、茶と紺を基本に考え、差し色として、似合う色を加えていくとよいでしょう。この場合、白にもいろいろな白があります。紺についても同様です。自分にもっとも似合う色合いを早いうちに見つけておくと、無駄がありません。

差し色は、それまで自分には似合わないと思っていた色の中から似合う色を見つける機会ともなります。顔の近くに持ってこなければ、似合う色は結構あります。この色は似合わない、と決めつけすぎずに冒険してみましょう。

ただし、柄物は、よほど華やかなタイプの方か個性の強い方に限ります。柄が目立って自分らしさが損なわれることが多いからです。

また、柄物の組み合わせは無地の組み合わせ以上に難しく、うまくいけばとてもファッショナブルになりますが、飽きてしまう可能性も高くなります。

したがって、柄物は、完璧なくらいにテイストに一致しているとき以外は求めないのが得策です。


〈今日から始めよう〉

①服は、形↓素材↓色の順で選ぶ。
②好きなものが似合うものとは限らない。まず似合うものを知る。
③似合う服を見つけるために、テイストチェックをする：
・自分の服を一枚ずつ、どういう人に似合うのかをイメージする。
・自分以外には似合わないと感じるものだけを残す。
④柄物は、完璧に自分のテイストに合うもの以外は買わない。
⑤テイストを決められない場合は、仮に一種類のテイストを選び、一定期間、それを徹底してみる。

06

衣食住のテイストを統一する

自分のテイストがはっきりしていると、あれも好き、これも好きと、いろいろなものを集めなくてもすみます。つまり、無駄がなくなります。軸になるテイストがあり、その許容範囲で拡がりがあるというのなら、深みにもなりますが、テイストの軸がないままに好みが豊富だと、せっかくの幅広い好みが、互いに相殺し合ってしまいます。

たとえば、イタリアモダンも好き、韓国アンティークも好きといって、両者の家具を狭い空間に共存させたらどういうことになるでしょう!?

二つぐらいのテイストでしたら共存可能かと思われますが、その二つも、歴史的なつながりや文化的な共通点など、なんらかの意味合いで関連している必要があります。

住空間のテイストと、そこで暮らす人の衣装のテイストがかけ離れていると、住まう人も訪れる人も居心地が悪いと感じます。アールヌーボー風とかロココ風のデコラティブな部屋がお好きな人が、ジーンズにTシャツのようなラフすぎるふだん着を好むことはないはずです。コンクリートむき出しの無彩色の壁、無機質な内装の部屋に、リバティプリントとリボン好きな女性は痛々しすぎるかもしれません。

日常生活は、衣食住が総合されて成り立っていますから、すべてが共通のテイストでつながっていてこそ、相乗効果が生まれ、魅力的になるのです。

でも、好きなものがいろいろありすぎて決められないとしたら？

服と同様、似合うことを選択の基準としましょう。好みと似合うものが一致するのが理想なのは、住まいとて同様です。

装いは、ときとして変えられるのでいろいろな好みを楽しむこともできますが、住まいの場合、たくさんの好みを一軒の家のいろいろな部位に取り入れたら、とんでもない奇天烈なものになります。どうしてもいろいろ試みたい場合は、寝室、個室などプライベートな部屋に限って試してみましょう。

好みと暮らしぶりが一致してはじめて、住まいは美しく感じられます。テイストは統一してこそ安らぎます。

もしどうしても、好みと、暮らしぶりに合うことが完全には一致させられなかったら、こちらも、服選びと同様、好みを抑えて、似合うことを優先させます。

チェックポイント

住まいはもっとも身近なものでありながら、自身の「好き」と「似合う」を、もっとも一致させにくいものかもしれません。好きとか似合うとか以外の要素がたくさんありすぎて、そこに徹することができないのです。

だからといって、まったく不可能だというわけではありません。まずは、自分の部屋からテイストを確立させていきましょう。家具や小物に、好きな形状と色彩のものをそろえていきます。

部屋が煩雑に感じられるのは、テイストに合わないものがたくさん置かれているからです。自分のテイストと一致しているものなら、数が多くても煩雑さは感じません。

テイストに合ったものしか置かないことに徹するには、まずは、多くの不純物を取り除くことが必要です。不純物の多くは、実用性や便利さから選ばれたもの、そして、形態や色彩には関係のない別の価値のもの（贈答品、流行の品、思い出、旅のお土産）などです。

自室以外の家族との共有の場（洗面、トイレ、浴室）や居間などお客さまが訪れる空間においては、自身のテイストを少し抑えて、生活の姿勢、考え方を表現します。

住まいは、形態、色彩、素材などの好みだけでは決まりません。設備の種類、窓の位置や大きさ、ドアの位置、生活行為に準じた空間の構成などのすべてにおいて、納得できる状態をつくることが必要です。つまり、どのような生活行為をとっているかということが、似合うかどうかの重要な決め手になってくるのです。

旅先のホテルや知人の住まいは、空間を疑似体験するよい機会です。あこがれとか珍しさにとらわれることなく、そういうときこそ、気持ちよさや快適さがどこからきているのかを考えてみましょう。きっとテイストづくりのもとになります。

〈今日から始めよう〉

①部屋を見渡し、テイストに合わないものは取り除く（どんなに便利なもの、思い出の品であっても）。

②自分の服装とインテリアのテイストは合っているか？　自分の服装は自分の生活行為と合っているか？　合わないとしたら、どちらに合わせるかを決める。

③色の好みも同時に絞り込んでテイストと色を関連させる。このテイストにはこんな色使いなのだとインテリアグラビアや西洋絵画（印象派以降）から学ぶ。

07

自分のお洒落の「定番」を決める

最近、ファッションの定番を紹介する本がまた復活してきたようです。着回しやコーディネートを工夫するには、まずは、一般的な「定番」や基本アイテムを知っておいたほうが失敗はないでしょう。

けれども、そうした本を見ると、ついつい、あれも必要、これも必要、と、「アイテム」集めに走ってしまいそうです。基本をおさえつつ、少ないアイテムでお洒落を楽しむには、一般的な「定番」ではなく、自分自身の「定番」を決めることが必要でしょう。

では、おすすめの「定番」は？　といえば、多くの方にお似合いなのが、ブラウスとスカート（パンツ）のコーディネート。そこに、季節のジャケットやカーディガンを組み合わせます。エリザベス女王から花屋の女の子まで、定番中の定番です。

改まった装いでも職場でもプライベートなカジュアルな装いでも、この組み合わせは同じ。素材と色で変化をつけます。

ワンピース＋ジャケット（アンサンブル）の組み合わせを定番とすることもできます。ワンピースの形によっては、ジャケットを脱げば仕事からアフターファイブに早変わりもできますし、温度調節も可能です。一般に、ノースリーブのワンピースはアクセサリーを工夫すれば簡単なパーティ着ともなります。

ジャケットも、その形次第で、フェミニンにも堅めのスーツ姿にもなります。一般には、オフィス用にはテーラードカラーで平坦な織りのものを、着丈の短いシャネル風のノーカラーでツイードなどやや凝った織りのものなら、フェミニンになります。

色を自分の定番にする方法もあります。

たとえばピンク。ただし、ピンクといっても、コーラル系のピンクなのかローズ系のピンクなのか、似合う色味をよく吟味することです。ベージュから茶色に、またはブルー系に統一する場合も同じです。

インパクトがあり、自分に似合う好きな色を一～三色、小物に加えて、変化を楽しみます。柄物は、定番としては避けたほうが無難です。

チェックポイント

スカート＋ブラウス＋ジャケットまたはカーディガン、ここまでは一般的な「定番」です。自分なりの「定番」づくりには、スカート丈（パンツは幅）とシルエットが重要になってきます。それによって、似合うジャケットの形（おもに着丈）が決まってくるからです。

スカートはひざ丈が基本です。といっても、ひざ頭ギリギリ丈、ひざ頭上丈、ひざ頭下丈と、似合う長さは、人によって違いますから、ここはちょっと厳密に探してみましょう。（まさか、全身が映る鏡がないなんてこと、ありませんよね？）

そして、自分にもっとも似合う丈がわかったら、それと一センチも違わないくらいにお直しします。

形はAラインかタイトのどちらか。それによって似合うジャケットの形も決まります。ミモレ丈、ミニ丈がいちばん似合う人もいるでしょうが、その場合、コーディネートできるジャケット（おもに着丈）が限られてきます。また、合わせるシューズのヒールの高さも変わってきます。

ブラウスは、個性的な色無地。似合う色であることはもちろんですが、季節感を大切にアレンジします。いずれも、形と素材が非常に重要で、似合う襟元、袖の太さ、丈などの形をじっくり吟味しましょう。妥協しないで！

似合うものが決まってしまえば、色と形に翻弄されず、素材で冒険できます。

次に重要なのが襟の形です。たとえば同じシャツカラーでも、襟の大きさや襟ぐりの高さによって、しっくりきたりこなかったりします。自分らしく、ぴったり似合う形を知っておきましょう。

ブラウスが決まれば、スカート（パンツ）は黒や紺、スカートとそろった色のジャケット（スーツ）などと決まります。すると、靴の色は黒だけですみます。ただし、スカート（パンツ）を茶色にする場合は、靴も茶色にしたほうがよいでしょう。

〈今日から始めよう〉

①一センチも妥協せず、自分に似合うスカート丈を全身鏡の前で見つける。
②ブラウスとジャケットは襟の形が重要。自分に似合う形を見つける。
③ジャケットについては、着丈と素材が重要。
④色は、純白からオフホワイトまで、自分に似合う白をまず見つける。
⑤似合う色の色味、組み合わせの特徴を知っておく。

08

食器にも「我が家の定番」を決める

日本人は食器好きです。食生活から考えても、和食・洋食・中国料理すべてに合わせた食器を持つとしたら、世界中でいちばんの食器長者かもしれません。

食器だけではありません。和洋中それぞれの料理に合った鍋、調理器具を持つことになります。鍋ひとつとっても、大きさだけではなく素材の違いもあります。ふつうのステンレスの鍋から、ホーロー鍋、土鍋、鉄鍋……。大は小を兼ねるわけでもありません。使う目的が違えば、同じ大きさでも違った素材の鍋がいるからです。

さらには、次々に新しい便利そうなキッチン用品も現れます。宣伝につい引き込まれて求めてしまうことも少なくありません。ノベルティでいただくこともあります。

一方、長年使っていて不具合なものも、そのまま残されています。汚れてしまっているお鍋、切れ味が悪い包丁なども、手に馴染んでいて手放せず、そのまま使っていたりします。そして、大事にするあまり使わないましまい込んでいる銅のお鍋もあったりするわけです。

かくして狭いキッチンには、過剰なキッチン用品、食器があふれることになります。

さて、どうしましょう？

まず食器は、洋食器、和食器と分けて考えるのをやめること。ふだんの食事が洋食中心なら洋食器だけで。たまの和食も洋食用の磁器のお皿でいただくのです。逆に、和食中心なら、洋食メニューも和食用の陶器の器に盛りつけます。洋食器のプレートと漆のお椀を組み合わせるというような和洋ミックスも素敵です。

次に、大きさはいろいろでも白磁だけ、とか、染め付け（釉下彩《ゆうかさい》・ブルー&ホワイト）しか持たないなど、テイストをすっきり統一すると、料理の種類にかかわらず使えますので、少ない数の食器で、美しい食卓を演出します。

鍋については、使い慣れたものであっても、見苦しくなったものは取り替えるべきです。代わりに、死蔵されていたぴかぴかのお鍋を使います。

また、01の項にも書きましたように、一度使っただけで眠っている○○専用ホットプレートなどの便利用品は、持ち続けるかどうか検討しましょう。圧力鍋やフードプロセッサー、蒸し器などは、使用頻度によって購入するかどうかを決めます。

チェックポイント

洋食器は、白を基本にすること！　それもできれば同じシェープに統一して、好みのものであること、上質であること、買い足せるものであることです。

白い磁器なら、お気に入りの古伊万里の古い磁器や、その影響を受けたマイセンのブルーオニオン（染め付け）のお皿などと組み合わせて使うこともできます。

最小限の量としては、

・平皿（プレート）、直径二五、二〇センチとパーティ用の大皿（三〇センチ）
・直径一〇～一五センチのとりわけ用の小皿
・深皿、鉢（ボール）は、二〇センチくらいのものがスタンダード

さらにここに、オーバル、つまり角皿の長手二一センチくらいを加えたいところです。

もちろん、日本人なら、いくら洋食中心といって、ご飯茶碗とおみおつけ用の汁椀、湯飲み茶碗、お箸、場合によっては焼き魚用の角皿が加わると思いますが、白いお皿で統一しておけば、きれいな色のご飯茶碗や湯飲み茶碗を組み合わせることができます。

コーヒーカップやティーカップは好みの形、好みの柄など自由です。

これ以外に、ジュースやビール、お水などのためのグラス、ワイングラス、日本酒にも使えるショットグラスと、カトラリーが必要です。

カトラリーは、テーブルナイフ、フォーク、スプーン、デザート用フォーク、ティースプーンが最小限の定番です。

鍋やフライパンの大きさは、家族の人数や定番料理によって異なりますが、パスタや麺類を茹でられるくらいの深鍋、シチュー用の大鍋、煮物用の中鍋、ソースなどをつくるための小型の片手鍋、卓上での鍋料理のためのホーロー鍋か土鍋、フライパンの大小があればよいでしょう。

〈今日から始めよう〉

①洋食が多いか、和食が多いかで、定番食器を和洋どちらに決める。
②洋食用と和食用と分けて考えないで、盛りつけや組み合わせを工夫する。
③洋食器は、テイストをそろえ、白か藍の模様の染め付けで統一する。
④古くなった鍋、好みではないいただきものの器は、選んだ定番に替える。
⑤いただきものの二個セットのグラスは使い方を変える（フラワーベース、キャンドルスティック、マイグラス等に変身）。

道具と食器のチェックリスト

電動器具	道具	食器
フードプロセッサー ミキサー ジューサー 精米器	包丁（鎌形） ペティナイフ キッチンばさみ スライサー ピーラー 芯取り おろし金（大根、ショウガ、ワサビ、チーズ） 缶切り ふたあけ 栓抜き レモン絞り 計量器 計量スプ—ン	プレート φ30φ28φ25 φ23φ21φ19 小皿φ10 深皿φ23 深鉢φ20φ18 矩形10 x 20 ～ 23 カップ・ソーサー
	すり鉢・すりこぎ 飯台 まな板 竹ざる 油こし・ポット 裏ごし器 蒸し器（あるいは点心せいろ） ボウル	グラス タンブラー ワイングラス ショットグラス （日本酒にも）
	レードル フライ返し 木べら 木じゃくし あく取り トング 菜箸	カトラリー （テーブルナイフ・フォーク・スプーン〈同じくデザート用も〉、ティースプーン、サービス用スプーン、箸）
	フライパン（テフロン、鉄製） ステンレス鍋 ホーロー鍋 銅鍋 圧力鍋	

●衣装のアイテムリスト

スカートスーツ派	ワンピースドレス派	パンツスーツ派
スーツ 夏冬各5セット （そのうち、春秋もの 3セット）	ドレス 夏冬各5枚 （そのうち、アンサンブル 夏冬もの各3枚）	スーツ 夏冬各5セット （そのうち、春秋もの 3セット）
ブラウス 五分袖5枚 長袖5枚 特別なもの3枚		ブラウス 五分袖5枚 長袖5枚
ニット2枚 カットソー2枚 カーディガン3枚 長コート3枚（雨用は別）	単独ジャケット 夏冬各3枚 カーディガン 夏冬各3枚 長コート4枚（雨用は別）	ニット　夏冬各3枚 カットソー　夏冬各3枚 ロングトップス3枚 カーディガン3枚 短コート3枚（雨用は別） 長コート1枚

09

家庭料理にも「我が家の定番」を持つ

毎日の食卓にも、自分なりの「定番料理」があると、忙しい毎日の中でメニューを考え、食材を購入する煩わしさから解放されます。食材や調味料のそろえ方についても、食器、鍋のそろえ方においても、無駄がなくなります。

飽きてしまうのでは？　という心配はいりません。同じ焼き魚とおみおつけのメニューでも、秋はサンマ、春はカツオなどと、季節の食材を積極的に使うことによって、美味しく、変化のある食事が楽しめます。

家庭料理で重要なのは、第一に栄養的配慮、第二に簡単にできること、第三に美味しいことです。

さらにもうひとつ。見栄えです。彩りもよく、すっきりとしたお皿に美しく盛りつけられた、見るからに美味しそうな料理は、毎日の生活を美しいものにします。

さまざまな料理がありますが、必要な栄養を満たし、美味しく簡単につくれる料理となると、選択肢は狭まります。そこに家族の好みが加われば、さらに狭くなります。定番料理を繰り返しつくっていくうちに、腕も上がり、手際もよくなり、美味しく、美しくつくれるようになります。

たくさんの料理から、美味しくて簡単なものを我が家の料理と決めましょう。

一般に、作業の種類が少なく、事前に下ごしらえのできる料理は、手早く仕上がります。たとえば、加熱は、焼くだけ、または野菜とお肉、お魚といっしょに蒸すだけなどの調理法です。また、カレーやリゾットなどの一皿料理は、後片付けも簡単です。丼ものや炊き込みご飯なども短時間でできます。

鍋ものは、作業の手間が少なく、簡単で手軽にできる代表的な料理です。

シチューやカレーなどは、一品で多くの食材が含まれているため、栄養価も高く、それだけで立派なメニューとなります。また、一度につくり、保存もききます。

鍋料理に限らず、お肉と野菜が一品にいろいろ入るものは、すべて家庭料理の定番です。野菜スープ、豆スープなども定番。余ったら、冷凍しておくこともできます。

チェックポイント

家庭料理では、料理名のある料理である必要はありません。野菜の色を中心に、五色（赤、黄、緑、白、茶）を食べられるようにすればよいのです。次に、食材の種類が偏らないようにすること。

これには、その日の料理とは別に、常備菜を食品購入時（週一、二回）につくって保存しておくのがよいでしょう。そうすれば、食事前の調理時間が短くなり、栄養のバランスも考慮された料理システムができ上がります。

たとえば、秋から冬には卵の花、昆布の佃煮（出汁をとったあとの昆布で）、カブなどの酢漬け、おなます、野菜の煮物（ゴボウ、レンコン、干しシイタケ、カボチャ）、キノコの炒め煮、蒸し野菜（ブロッコリー、ニンジン、芽キャベツ）、油揚げの甘醤油煮、煮豆、ポトフ、豚汁など。

春から夏は、ピクルス、マリネ、ラタトゥイユ、ミョウガの酢漬け、ナスの煮浸し、トマトペースト、ポテトサラダなど。

家庭の定番料理でもうひとつ大切なのは、ひとつの料理を別のメニューに変身させることです。

たとえば、ポトフを大量につくったら、翌日は（冷凍しておけば、後日には）、ビーフシチュー、カレーにする。鶏の唐揚げは、翌日には、茹でたブロッコリーなどといっしょに千切り野菜入り甘酢あんかけ料理とするなど。ハンバーグは、デミグラスソース、溶けるチーズ、おろし醤油など、さまざまな味付けで楽しみます。

〈今日から始めよう〉

①ふだんつくっている料理を見直して、自分の定番料理を決める。

②ポイントは、

1　必要な栄養素がバランスよくとれるものであること

2　簡単につくれること

3　美味しいこと

4　見た目が美しいこと

③五色（赤、黄、緑、白、茶）を意識すると、だいたい必要な栄養素はとれる。

④季節の旬の食材を用いることで、変化を出す。

⑤定番料理をアレンジして、何通りにも楽しむ。

●旬の食材リスト

春	夏	秋	冬
アスパラ	インゲン	カブ	カリフラワー
ウド	枝豆	キノコ類	小松菜
エンドウ豆	大葉	ゴボウ	大根
木の芽	カボチャ	サツマイモ	根ショウガ
新キャベツ	キュウリ	サトイモ	白菜
新ジャガ	シシトウ	春菊	ホウレン草
新タマネギ	新ショウガ	ニンジン	芽キャベツ
セリ	トマト	ネギ	
セロリ	ナス	ブロッコリー	
タケノコ	バジル	ヤマイモ	
タラの芽	ミョウガ	レンコン	
菜の花			
パセリ			
フキ			
フキノトウ			
ヨモギ			
サワラ	アジ	イワシ	牡蠣
ハマグリ	アナゴ	サバ	鮭
マダイ	イサキ	サンマ	タラ
	カツオ		ヒラメ
			ブリ
			ホタテ
			マグロ

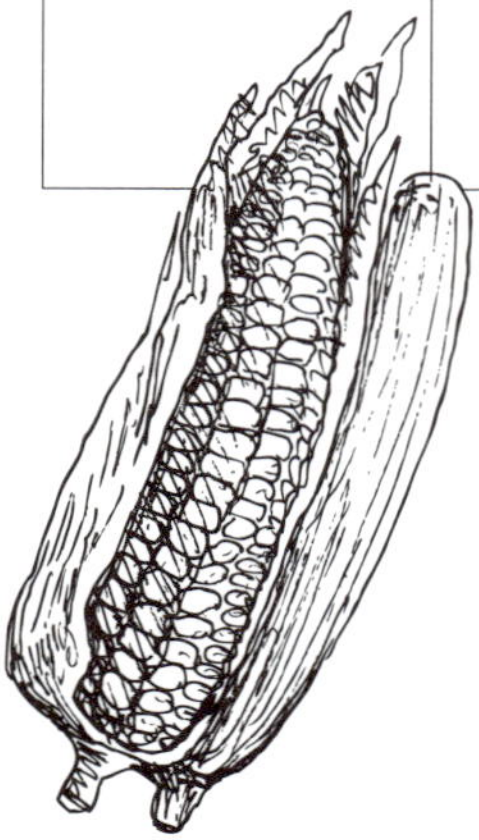

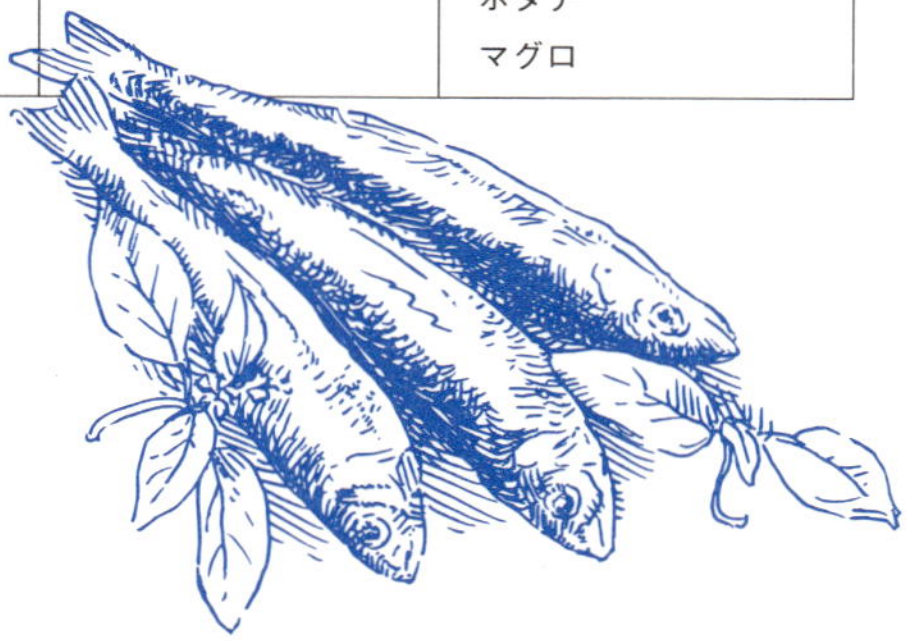

●季節ごとの定番料理のヒント

春	夏	秋	冬
グリーンピースと アスパラのリゾット	トマトとシラスの リゾット	キノコのリゾット 栗のリゾット	牡蠣とホウレン草の リゾット
筍とベーコンの パスタ	ジェノベーゼ パスタ	ボスカイオーラ （キノコとツナ） ニョッキのポモドーロ	ミートソースのパスタ カルボナーラ
エンドウ豆ご飯 タケノコご飯	しそご飯 （梅肉と大葉）	キノコ炊き込みご飯 五目ご飯	カブと大根の葉菜めし 黒豆ご飯
しらす丼	冷や汁	炒り豆腐丼	ソースカツ丼
豆スープ ワカメスープ	ガスパッチョ	野菜スープ ミネストローネ	豚汁 ポトフ ボルシチ

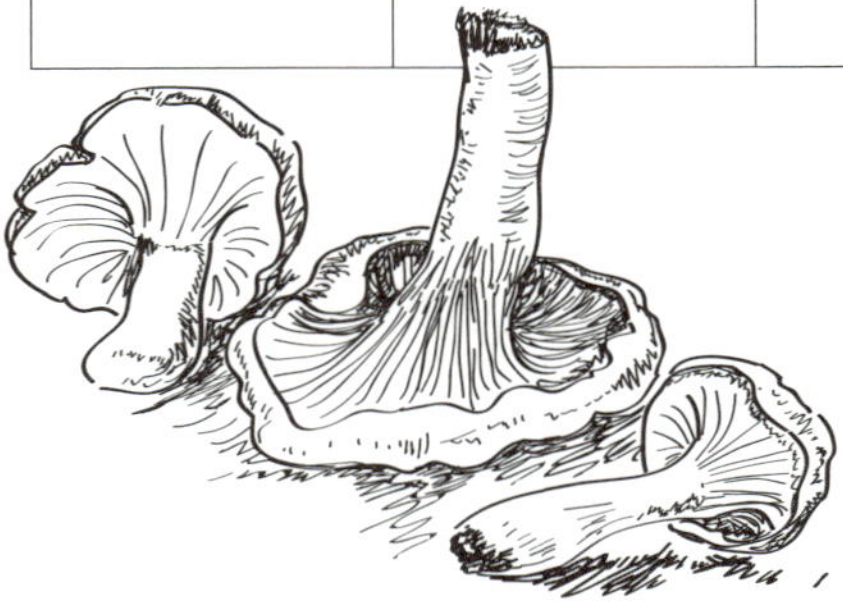

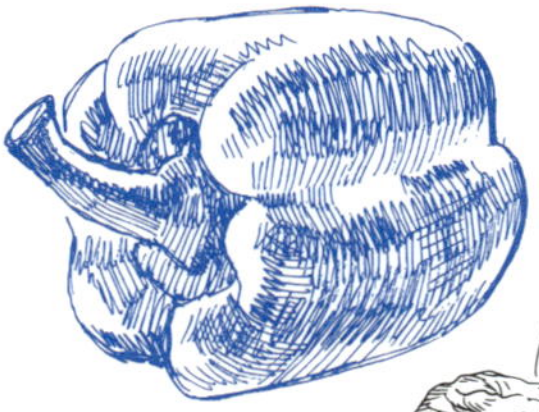

10 合理的でない習慣を見直す

住まいの中での生活行為、すなわち、暮らし方の定番を考えてみましょう。暮らし方の定番は、職業、家族構成、おつき合いの方法などからつくられます。

専業主婦がいる、いないにかかわらず、今は家族全員が、生活行為に基づく作業、役割を、それぞれの能力に基づいて、適量ずつ分担するのがふつうでしょう。お掃除など、誰が何の責任者かを決めておけば、外部の清掃サービスを使うことも含め、その人がその部分のメンテナンスに対する責任を持つことができます。

また、どこに何が収納されているかを、家族全員が知っていることも重要です。

すると、収納場所も必然的に決まってきます。このことをするにはここにあるはずと、誰もが思う場所に置かれている必要が出てくるからです。収納する人が、「入れられるだけ入れてしまおう」などという思いつきで収納すると、それを入れた人しか探せません。

つまり、「何がどこに」というのは、キッチンでも、浴室回りでも、リビングでも、家族の生活行為に基づいたものとなるはずです。これは、ひとり住まいの場合でも同じです。

ものの量は生活行為に基づいて、住まいの収納量とのバランスで考えます。収納を増やせばものが片付くという考え方ではなく、空間に合った収納、収納にちょうどよいものの量が基本です。つまり、収納を増やさず、ものを減らすのです。

このように、住まう人の生活行為に基づいて、収納の量や場所、家具の配置、使い方、メンテナンス方法などを決めておくことが、暮らし方の定番を決めるということです。

暮らし方の定番というと、「それは、『習慣』のことですか？」といわれるかもしれませんが、定番と習慣は明らかに違います。

不自由な方法でも三回もやれば慣れて、自然にでき上がってしまうのが習慣です。これに対し、暮らし方の定番とは、生活行為を無駄なく快適なものにするためのシステムです。

そして、このシステムは常に改良が必要です。たんなる習慣を定番にしてしまわないよう、一度でも不自由を感じたら、慣れて習慣としてがまんする前に、置き場所や使い方を変えることです。

暮らし方の定番は、常に工夫して、家族でつくり上げていくべきものです。

チェックポイント

家具は生活具。つまり生活行為が家具を決めます。そして、家具によって生活行為が美しくもなります。したがって、暮らし方の「定番」を考えるときに、家具は重要な役割を持ちます。

たとえばリビングなら、どんなくつろぎ方をするかによって、家具の種類が決まります。個人中心ならマイチェア（ラウンジチェア）、くつろぐ姿勢が「ごろり」であればソファかシェーズロング（寝椅子）、会話中心ならばテーブルを囲むように配置できるセクショナルなソファ。客室を用意する余裕はないけれど、友人を泊めたいときは、ベッド代わりにもなるソファを選ぶこともあります。

リビングのテーブルは小さいものを何本かにすると、配置換えが自由にできます。昔からの座卓をお持ちの場合はリビングテーブルに使えます。静かにお茶をと考えれば、窓辺のコーナーに、コーヒーテーブルと小振りの椅子がほしくなります。

原則として、テーブルはそのスペースに合った最大の大きさを選びます。エクステンションのテーブルは大きくも小さくも使えますが、結局、どちらかにして使うことが多くなります。

あれもこれもと詰め込まず、生活行為に合った家具を、床面積の三〇％くらいに抑えることです。このとき、狭いからといって家具を小型にするのではなく、何を置くか、何を大きくするかのバランスを、空間と生活行為の両面から検討します。

大きなダイニングテーブルは、独立したダイニングルームに適していますが、空間の組み合わせによってはリビングダイニングでも、しっくりくることがあります。そして、多くの場合、ファミリールームとなります。ファミリールームでは、ダイニングテーブルを食事以外の目的（子どもの学習、家事のいろいろ）に使うため、大きいほうがよいのです。

〈今日から始めよう〉

①掃除、片付け、水やりなど、暮らしの作業は、家族全員で分担する。
②作業分担とセルフサービスのために、誰にでもわかる収納を考える。
③無駄な行為となっている習慣はないかと見直す。
④家具は、何を使うか、どの程度の大きさにするか、生活行為によって決める。
　家具は床面積の三〇％までが原則。行為に合った配置を工夫する。
⑤暮らし方の定番は、家族みんなで常に工夫し、改良していく。

11

消費願望とうまくつき合う

誰にとっても、買い物は楽しいものです。何もいらないという人がいるとしたら、それはただ、今は買いたいものが思いつかないというだけでしょう。どれを求めるべきかの判断がつかないでいるのかもしれません。

長引く不況の中で、将来への不安からお金があったら貯金したいという風潮も若い人たちを中心にあるようですが、それは、かつてのバブル期のような高級品へのあこがれが衰えているだけで、消費願望そのものが消えたわけではなく、ファストファッションやスーパー、コンビニでのお菓子の新製品などを買うことに置き換わっているだけのように見えます。

なぜ毎日スーパーに行くかといえば、ほんの少しの買いものでも、たくさんの食材から選び出す行為が消費願望を満たしてくれるからでしょう。

生活行為を文化としての視点で見ると、多くのものとの出会いが生活文化をつくり出してきたことがわかります。すなわち、消費願望は、不要でもなければ、もてあますべきものでもありません。

ただし、常に主役は自分自身でなければなりません。内面に、不安感、過度の高揚感があると、消費願望に振り回されてしまいます。

たとえば、服は、自分ならではの自己表現の道具として、どこまでも消費願望の対象であり続けるものですが、その願望が強すぎるときは、内面の生活が少し不健康な証だと思って、自分を振り返ってみたほうがよいでしょう。

装いとは自分のスタイルをつくることです。やみくもな消費願望に動かされて買い集めることでも無頓着に何を着ていてもよいわけでもありません。

ほかのものも同様です。広告や流行など、外からの情報に刺激されるのではなく、今、自分に必要なものは何かを知ったうえで、買い求めたいものです。

どんなささやかな買い物であれ、ものとの出会いは、いつも感動の出会いでなくてはなりません。

目的と出会いがほどよくコントロールされていれば、消費願望もまた楽しい満足感につながります。

チェックポイント

服への消費願望をコントロールし、自分のスタイルを確立するのに、ちょっと荒療法ですが、いい方法があります。

一年間服を買わずに、今あるものだけで過ごしてみるのです。

服は自分をよりよく見せる演出の道具ではありますが、大前提として、自分自身が楽しめるものでなければなりません。そして、楽しさは、自分自身を美しく見せるための工夫をするところに生まれます。

高級な衣装を身に着ければ美しくなると決めつけるのは間違いです。予算がないから似合うものが買えないというのは、人の納得を得やすい言い訳にはなりますが、お洒落な人は、ほんとうに好きで似合うのなら高価でも買ってしまうものです。

そのためには、まずは、似合う色彩と形状の徹底追求が必要です。

似合うか似合わないかを決めるのは、着てみてうれしくなるかつまらないと思うかです。着てみてうれしくなるものは似合っているということです。

コーディネーションに真剣に取り組み出すと、街中で探さなくても、すでに持っているワードローブの中から求めていた服が見つかるという楽しい現象も起きます。もし何も見つからなかったら、別の衣装計画をじっくりと考えます。

購入しないと決めることで、いろいろと工夫が生まれ、センスアップ、コーディネーション力アップができます。そして、次に新しい服を購入するときには、本当に似合う、長く好きでいられるものが選べるでしょう。

〈今日から始めよう〉

①何かをほしいと思ったとき、自分の中に、何か不安や不満はないか、自分の消費願望と向き合ってみる。

②服を買う前に、新しいコーディネートや少々のお直しで、今持っているもので代替できないかを考える。

③服を整理する場合は、着てみてうれしくなるものだけ残す。

④処分する前に、何かに変えられないかどうかを十分考える。

⑤服への消費願望の上手なコントロールから、生活全体のコントロールを学ぶ。

12 アイテム集めの罠にはまらない

ちょっとお洒落にはまり出すと、さっそく始まるのが「アイテム集め」です。自分なりの「定番」を持つはずが、世の中の「定番」すべてを持っていないといけないような気分になってきてしまうのです。

たとえばコートひとつとっても、ひざ丈のものもいるし、ミモレ丈も必要。ピーコートもいるし、ケープ風コートもおさえておきたい。革のトレンチも、ライダースジャケットも、ムートンも、ダウンジャケットも。色も、ベージュ、紺、黒もなくては！

コートだけでもこれですから、パーティ着にしろ、仕事着にしろ、さまざまなシチュエーションに合わせて、「あれもいる」「このタイプもほしい」と、アイテム集めは、とどまるところを知りません。

そうして、アイテムが増え、コーディネートに悩まされることになるわけです。その結果、急ぎのときなど、ちぐはぐな装いになってしまったりします。

かといって、コーディネートを固定しておくと、いくつものアイテムを持った人の場合、今度はセット数が多くなりすぎて、結局着ないままの組み合わせ、一度着たきりの組み合わせがあふれてしまいます。単品の組み合わせで上手な着回しをする気でいても、いつもワードローブの手前のものだけを着ることになりかねません。

けれども、スカートの似合う人は、スーツ、またはブラウス＋スカート、またはワンピースのアイテムで、そのときどきの演出ができます。パンツが似合う人は、お出かけもパーティも、街着、庭着、室内着、すべてパンツスタイルでよいのです（パンツが似合うのは、一般的には身長一六五センチ以上といわれますが、種類によって、または着こなし上手な方なら、その限りではありません）。

ひとつのアイテムを固定して、自分に似合うのはこれ、と決断できれば、それを着慣れることが個性となり、その人らしさとなります。

ただし、似合うアイテムがわかるまでは、試行錯誤とファッション研究が必要です。あの方がお似合いになっていたからわたしも着てみたいなど、無駄を重ねることになります（それは別の意味では幸せな無駄かもしれませんが）。

少ないアイテムで衣装をそろえているのは、自らを知る知性の持ち主ともいえます。

チェックポイント

自分のスタイルを決めてしまえば、アイテムを絞ることができます。

①決めたいけれど決められない人は、今持っているアイテムから、次の三つのどれかに決めてしまいましょう。

スカートスーツ派、ワンピースドレス派、パンツスーツ派。

決め方は簡単。自分が持っているアイテムの多いもので、決めます。パンツが多いなら、パンツスーツ派、ワンピースが多いなら、ワンピースドレス派、スカートが多いなら、スカートスーツ派です。

②何派であるかを決めたら、形から選びます。色、素材はあとからです。

形、色、素材を決めるときには、TPOから、自分がそれを着て、どんなふうに振る舞いたいのか、どんな自分を表現したいのかをイメージします。イメージが広がる服に出会うと、気持ちが高揚するでしょう？　お洒落の喜びのひとつです。

T　時間（朝、昼間、夕方、夜）
P　場所（街中、仕事場、ホテル、近所、公園、自宅、他家、学校などの公式な場所）
O　目的（デスクワーク、会議、面談、同窓会、ドライブ、家事、買いもの、パーティ、食事会、父母会、訪問）

〈スカートスーツ派〉〈パンツスーツ派〉

ふだん着は、ブラウスまたはニットのインナーと、スカート（パンツ）が基本です。これに、カーディガンを組み合わせます。よく似合えばお出かけもこれですみます。

お出かけや仕事には、スーツで、またはジャケットを組み合わせます。

ジャケットとスカート（パンツ）を単独アイテムとしては持たず、スーツとして対のものを持つと、スーツとして着ることも、単品として組み合わせて着ることもできて、フォーマルにもカジュアルにも、ビジネスにも着回せます。

ですから、枚数をたくさん持つ必要はありません。

スカートスーツの場合も、パンツスーツの場合も、基本は、春夏物、秋冬物各五セット。多く感じるかもしれませんが、ほかのアイテムを持たないのですから、ささやかな数です。

ブラウスは、同じ形のもので色に多少の変化をつけ、半袖と長袖のものを各五枚。スーツ派にとってブラウスはコーディネーションの華です。同じスーツでも、ブラウス次第でＴＰＯに応じた装いになります。

基本のもの以外に、パーティ用の特別なブラウスを三枚持ちます。軽いパーティであれば、ブラウスのお洒落さがあるので、いつもと同じスーツでだいじょうぶです。もう少しフォーマルなパーティでも、同じドレッシーな素材（ベルベット、サテンなど）のブラウスとスカート（パンツ）なら、形次第でカクテルドレスやマスキュリンスタイルのソワレに見えます。

〈ワンピースドレス派〉

仕事着としてのワンピースドレスは、ブラウスとスカートが一体化したものとしてとらえます。シンプルで体形によく合ったもの、シルエットが美しいもの、大げさに広がったり、逆に身体の線が表れすぎたりしないものから選びましょう。

着回しが簡単なのが、ワンピースドレスの強みです。仕事場では、会議や訪問にはビジネス用のジャケットを羽織り、デスクワークではカーディガンを羽織り、夜のレセプションには、アクセサリーをつけてと、働く女性には便利なスタイルです。
夜の予定がデートや女子会なら、レギンス、タイツなどで、カジュアルなお洒落を楽しむこともできます。さらに、共のジャケットがあると、フォーマルな場にもふさわしい装いとなります。

ワンピースドレスの数も、基本は、春秋物も含め、夏冬各五枚。そのうちアンサンブルのジャケット、単独のジャケット、カーディガンがそれぞれ夏冬各三枚程度あればよいでしょう。

ソワレやカクテルドレスは必要であれば、用意します。ふだんワンピースを着慣れている分、きっと上手に選べるはずです。

〈今日から始めよう〉

①ワードローブを整理して、スカート、パンツ、ワンピースの、どれがいちばん多いかを知る。
②自分のスタイルを決めたら、今後は、そのスタイルに合ったものだけを買う。
③自分のスタイルのアイテムのコーディネートを工夫する。
④アイテムを決めても増やしすぎないように。三年を目安に新調する。
⑤小物、アクセサリーでファッション感覚を磨く。

中級編
無駄をなくす

13

ものとの無駄のないつき合い方を知る

無駄遣いという言葉がありますが、買ったものをもったないと、ため込んでおくことこそが無駄です。倹約・節約は、買う楽しみまで奪ってしまいます。無駄のない生活とは、何も買わない生活ではなく、買ったものを有効に使い切る生活のことです。

もし不要なものを間違って買ってしまったら、自己嫌悪に陥ってばかりいないで、その不要と思われるものをいかに生かしてみるかを考えましょう。買った人には、それを生かす責任があるのです。

ただし、電気・ガス・水道には、節約・倹約が必要です。無駄な電気・ガス・水道を使わないような生活行為を習慣化します。また、トイレットペーパーや調味料などといった消耗品を、たくさんストックしておくのも無駄です。店にあるのは自分のストックルームにあるのと同じだと考えればいいでしょう。

消耗品は適切な期間内に使い切れるよう、適切な量だけ買い、残すことがないようにするのが基本です。

一方、消耗しないものは、よく手入れし、長持ちさせる工夫をします。

それでも不要に感じたら、使いみちを変えてみることによって、有効な使い方ができるかもしれません。使い切るのと同じ意味の「使いこなし」といえるものです。

もちろん最初から、無用になりそうなものは所有しないのがいちばんです。買うのは多少不自由を感じてからでも遅くはありません。調度品や服などを買うときは、一晩経ってもまだほしいと思うかどうかで決断するようにします。

とはいえ、ものとの千載一遇の出会いというのもたしかにあります。もし迷っているとしたら、条件になにかしら問題があるからでしょう。それがないなら、そのものとの出会いを楽しみ、所有したからには、使い切る、または使いこなします。そして人はものによって感性が磨かれることをお忘れなく。

消耗品は「使い切る」、非消耗品は「使いこなす」。

これが、ものとの無駄のないつき合い方です。

そして、一つひとつのものの存在理由を、いつも確認しておくことです。

チェックポイント

食材は使い残しを出さないこと、それが無駄をなくすいちばんの方法です。

たとえば、鍋もので残ってしまった野菜などは、別の料理にするには量が足りず、無駄になってしまうことがありますが、そんなときは、

・ネギが少し残った場合は、小口切りまたは細切りにして冷凍しておけば、汁ものの薬味としてすぐに使えて便利です。

・ユズなどは皮を薄く切って、最初から冷凍しておきます。たくさんあるときは、ショウガを加えてユズシロップにして、冬の紅茶などに入れていただいたりします。

・余ったニンジンを細切りにして乾燥させると、美味しいお茶になります。

冷蔵庫で使わないうちに野菜を無駄にすることがないよう、食材、特に野菜は、買ったらすぐに、干す、蒸すなどの処理をしておくと、最後まで使い切ることができます。

・シイタケやエノキダケなどのキノコ類は、ばらして陽にあて、冷凍しておきます。

・ショウガは冷蔵保存が難しいので、常温で紙に包みビニール袋に入れておくか、細切りにして乾燥させておきます。少し手間をかけるつもりがあれば、皮を、煮干し、カツオ節、昆布、醤油、砂糖、酒などといっしょに煮て漉すと、美味しい出汁つゆになります。漉したあとは、細かく刻んでゴマなどを混ぜ、ふりかけにすることもできます。

・ショウガを薄切りにして酢漬け、ハチミツ漬けにしておくと、何にでも使えます。
・タマネギもスライスして酢漬けに、みじん切りして冷凍に。こちらは炒めものに便利です。

重要なのは、残して捨てることに罪悪感を感じることです。

次に、加工食品の魅力に負けないことです。市販のドレッシングや加工された特別な調味料は、たいてい余らせ賞味期限切れになって捨てることになるからです。
それよりも、シンプルなお味噌、醤油、酢、砂糖、塩、ゴマ油、オリーブオイル、スパイスなどを組み合わせて、自家製の調味料をつくりましょう。健康のためにもよいですし、使う分だけつくれば、使い切ることができます。

〈今日から始めよう〉

①買ったからには、消耗品は使い切る、非消耗品は使いこなす。
②食材は、余ったものも別の加工をするか、あらかじめ処理をしておく。
③加工食品は、買わないと決めて手づくりする。
④ゴミの少なさをステータスとして意識する。
⑤豪華なお弁当を買うより、食材を買うことが生活の余裕と満足する。

14 メンテナンスの技術を身につける

衣服や住まいの手入れをして長持ちさせていくことは、たったひとつしかないわたくしたちの身体を大切に手入れしていくことと同じです。実際、そのための技術を持っている人といない人では、命の寿命も、ものの寿命も変わってきます。

衣服のメンテナンスのポイントは、クリーニングに出すのを最小限にすることです。クリーニングに出すと、新品のようによみがえって見えるのは、仕上げが上手だからで、布の風合いは確実に落ちてしまっています。

だからといって、汚れたままで放置するくらいなら、クリーニングに出したほうがましです。特に、手に負えないシミ汚れができてしまった場合は、時間を置かないで優秀なプロに任せます。時間が経つほど、とれなくなります。

クリーニングに出した場合、仕上がって戻ったときのビニールのカバーは必ず外し、代わりに通気性のある不織布など、専用のカバーをかけます。

シーズンオフのものを預ける場合は、忘れないために写真を撮っておくとよいでしょう。なくされないためだけではなく、来シーズンの購入と整理に役立てるためです。

次に、住まいのメンテナンスについての注意点を挙げます。

住まいは、家族もいるため、衣装のように自分だけが注意していればすむ、というわけにはいきませんが、いつもきれいになっていると、人は自然に汚さないように振る舞うものです。家族の中にきれいにする習慣が生まれます。

汚れは汚れを呼びます。常に「きれい」であればメンテナンスが楽になります。

床、テーブル、棚など、水平面にはすぐにほこりがたまり、舞い上がり、ほかのものに移動していきます。重要なのは、毎日こまめに拭くことです。

水回り、特に洗面所のベーシン（シンク）は水がかかるだけで汚れの跡が残ります。使ったあと、すぐにタオルで拭くよう家族にも習慣づけておけば、いつもきれいに保てます。

チェックポイント

できるだけクリーニングに出さないで、衣服をきれいに保つにはどうしたらいいでしょうか。

・冬物は、着たあとの風通しとブラッシングを丁寧にすること
・夏物や手軽なものは自分で洗濯すること
です。

ここで、技術がいるのはアイロンかけです。ブラウスやＹシャツから練習します。下の台は硬くないほうがよいでしょう。

アイロンは、進行方向を浮かせるようにして、力を入れず熱を伝える要領で動かすのがポイント。

袖の後ろ、前、カフスの内外の順です。二重になっているところはタックを伸ばして。次にヨーク、そして前後の身頃。ポケットは裏から、襟は最後です。

自己流でもかまいません。丁寧に正確にやっているうちに、慣れてプロ並みになれます。

次に、住まいのメンテナンスのポイントを挙げます。「から拭き」と「磨き」です。汚れをとるのは当たり前。差がつくのが、磨くことなのです。

鏡、ガラスをはじめ、ドアノブ、水栓金具、タイル素材、銀製品、家具、照明器具など、輝きのあるものは常に輝かせておくこと！　とにかく、磨くことで差がつきます。清潔感と安らぎ、そして、なにより美しさを演出できます。

そして、効率よく磨くには、素材の表面に、油脂、皮脂などの膜をつけないことです。汚れは油脂・皮脂に付着するからです。

そこで、毎日のから拭き。から拭きは汚れていないところを拭いているように見えますが、汚れの付着を招く皮脂・油脂をとって、汚れをつけないようにしているのです。

〈今日から始めよう〉

①ついてしまった衣服のシミは、できるだけ早くクリーニング店にシミ抜きに出す。
②冬物は、帰ったら風に通し、丁寧にブラッシング。
③家で洗えるものは洗い、アイロンかけをマスターする。
④住まいのメンテナンスの基本は、「から拭き」と「磨き」。
⑤水回りの水滴の汚れと、蛇口の水垢は、家族全員が使うたびに拭き取る。
⑥鏡やガラスなど、光るものは常に磨いて、輝かせておく。

15 そもそも汚さない

一般的には、クリーニングはしないほうが服を長持ちさせます。けれども、大きなシミの処理は、プロに任せるのが得策、となると、服を長持ちさせ、着尽くすには、そもそもシミをつけるなど汚してしまったり、どこかに引っかけてしまって、しなくてもいいメンテナンスが必要になるような羽目に陥らないようにすることです！

よくあるのが、食事中のおこぼしです。気づかないうちに服についてしまっています。となると、無駄をなくすうえで重要なのは、料理を口元に運ぶときの運び方、ナプキンの使い方、ということになります。

それにしても、おこぼしも、どこかに引っかけて糸をほつれさせてしまったりするのも、なぜか、とっておきの一張羅を着たときに起こるものです。きっと、着慣れないものを着ている緊張から注意力が散漫になるのでしょう。

衣装は着慣れることで、場慣れて、扱い慣れてこそ、身につくものです。着慣れることで、身体とそれを覆う衣装が一体感を持てていれば、服が気になって不自然な振る舞いになってしまうこともありません。

特にパーティなどでは、露出の大きいドレスを着ながら、ともすればずり落ちてくる長いショールと格闘することになり、そんなときこそ、汚したり、引っかけたりと、思わぬ無駄が生じがちです。

そうなるくらいなら、最初から露出の少ないドレスを着るなり、ボレロ、ジレなどを羽織るなり、シースルー素材のものを下に着用するのがよいでしょう。

ショールはブローチでしっかりとめて、衣装と一体化させます。または、本来ショールはほこりよけのためのものですので、屋内では外して手に持ちます。

住まいについても同様です。

白いところは汚さず、光るところはいつもぴかぴかに磨かれていて、花瓶に活けられた切り花は元気よく咲き、どこにもほこりがない住まいが理想です。

そのためには、住まいについても汚さない、あるいは、手入れしやすい、あるいは、汚れが目立たない状態にしておくことです。

チェックポイント

服を汚さないためには、食事の際の食べ方が重要です。少しずつ丁寧に食べること。それでも心配な人は、白いドレスの日に、トマトソースパスタやざるそばは避けたほうがいいでしょう。

気がついたらボタンがとれていて、ひとつだけデザイン違いの替えボタンを着ける羽目になる、というのも珍しくないことでしょう。ボタンがとれかかっていないか、着る前に確認し、少しでも糸が緩んでいたら、ただちに付け直します。

住まいについては、そもそもほこりが出ないということはありえません。掃除がしやすい家具選びや家具の配置を考えることで、少しは手入れを楽にします。

ただし、清潔感はお掃除だけで保たれるのではありません。ものの置き方、置かれているものの色と空間の色とのコンビネーションに、清潔感のある組み合わせというものがあるのです。

・無駄な家具で空間をふさぐと、掃除機がけが億劫になります。
・棚の上が煩雑だと、棚の上のほこりを拭き取る作業を妨げます。
・造花やプリザーブドフラワー、ドライフラワーは、ほこりがたまりやすく、部屋を美しく飾るつもりが、逆効果になりがちです。

・そもそも汚れの目立つ色は使わないことです。たとえば、黒い棚はスタイリッシュですが、半日で白いほこりが目立ちます。

・ディープな色は個性的ですが、ダークな色は清潔感を損ないがちです。キッチンの白は汚れが目立つのですぐきれいにしたくなるから清潔さが保てます。

・ステンレス素材でも作業終了ごとに拭き上げると、いつも美しく保てます。

〈今日から始めよう〉

①そもそも汚さないのが、いちばんのメンテナンス法。

②パーティなどの食事では、服を汚さないよう丁寧に少しずつ食べる。

③汚さないためには、掃除や手入れがしやすい素材、色の家具、衣服を選ぶ。

④ほこりの目立ちやすい黒など濃い色の家具は避ける。

⑤汚れは早く処理する。目についたら、すぐにとることを習慣にする。

16 「好き」で「似合う」服をとことん着尽くす

昔、日本人が衣装として着物だけを着ていたころは、何度も洗い張りをしながら一枚の着物を最後まで着尽くしていました。現代では、まだ着られるけれど今は着ないというものので、クローゼットの中はいっぱい。そもそも着尽くすなんて考えはほとんどありません。

その結果、シンプルに暮らそうとすると、捨てるなり、ネットのオークションに出すなり、ともかく手放すことになるわけです。けれども、それこそが無駄というもの、もったいないことです。

それに、もし、それらがすべて、「好き」で「似合う」ものだったら、今は着られないとしても、手放す気にはなれないはずです。

ここでは、着尽くす方法を考えてみましょう。

・サイズが合わなくなったものは、そのまま死蔵させるのではなくお直しします。
・今の自分に合わないと思うものは、素材や色が生かせるようにリフォームします。
・コーディネートを変えることも、着尽くすための手段となります。死蔵されているマフラーなどの小物も、違った組み合わせをすればよみがえります。

そのまま捨てたり死蔵させたりする前に変化させることも、着尽くすことに入ります。

・着ることができないほどに傷んだ部位があるものは、端切れにしてポーチやトートバッグ、コサージュやヘアアクセサリーなどにします。

・古着などは、裂き布にしてマットをつくることもできます。安いマットがいくらでもありますが、よい素材は変化させて、別のものとして使えます。

大切なのは、予算が限られているからといって、安直に安物を買うのではなく、最初にどのような覚悟で選ぶかです。

最高に似合って、いつも着たくなるもの、どこへ着ていっても褒められるようなものを持てば、汚さないような振る舞いをし、丁寧にお手入れしたくなるものです。デザインが古くなっても、生地が傷んでしまっても、なんとか再生して着尽くそうと思うものです。

限られた予算の中では、安物を次々に買ってため込むより経済的です。

そして、それ以上に、無駄のない暮らし方となるでしょう。

チェックポイント

着尽くすことが無駄をなくすひとつの方法だとしたら、服選びの最初から考え直さなくてはいけないのかもしれません。

素材や装飾の凝ったファッショナブルなものは、クリーニングに出せないと思っておいたほうがいいでしょう。風を通して長持ちさせるしかありません。

また、別のものに「変身」させるには、針仕事、ミシンかけなどの技術も必要になってきますが、大げさなことを考えずに、トートバッグ、またはエコバッグへのリフォームなら、どなたにもできるはずです。

逆に、ビーズやクリスタルパーツなどで、お気に入りのシンプルな形を華やかにすることもできるでしょう。レースや刺繍よりは時間のかからない作業です。

このように、無駄にしないということと、節約するということとは、似て非なることです。たいていのものは、直すよりも新しく買うほうが安いでしょう。

けれども、経済的であることの前に、無駄にしない考え方を持つことが長い目で見れば結局は経済的にもなりますし、それ以上に、毎日の暮らしを美しく心地よいものにします。

〈今日から始めよう〉

①「好き」で「似合うもの」を、リフォームしたりしながら着尽くす。
②どうしても着られなくなったものは、端切れや裂き布にして、ポーチやマットなどに変化させる。
③着尽くすためには、メンテナンスが重要。クリーニング店に任せず、できるだけ自分で手入れできるものを最初から選ぶ。
④着尽くすために、針仕事にも挑戦してみる。
⑤服に手をかけて自分だけのものにアレンジすることで、センスを磨く。
⑥最初から、着尽くし、変化させることを前提に、ほんとうに気に入ったよいものを買い求める。

17 長く使い続けることを前提にものを選ぶ

ある方とファッション談義をしていて、「どんなブラウスがお好みですか？」と問いかけたら、アイロンのかけやすいものというお答えが返ってきました。好きで似合うものとの出会いが、実は貴重なものであることをご存じなのでしょう。だからこそ、メンテナンスしながら、長く使い続けたいということです。

この場合、何をメンテナンスしやすいと考えるかは、価値観によって異なります。たとえば、綿一〇〇％のワイシャツのアイロンかけにはちょっと技術がいりますが、ポリエステルの混紡なら簡単。ポリエステル一〇〇％ならアイロンかけいらずです。その代わり、ポリエステルの入ったワイシャツは、風合いはいうまでもなく、襟元の汚れ、黄ばみなどが落ちにくく、また、全体にへたった雰囲気になるのも、綿一〇〇％のものより早くなります。

綿や麻一〇〇％のシャツやブラウスは、アイロンかけに手間はありますが、古くなったらなったで、独特の風合いを出します。さらに、白にしておけば、黄ばんできたとしても、漂白することができます。

これは、シーツやタオル、テーブルクロスなどのホームリネン類についても同様です。カラフルな柄物につい惹かれてしまいますが、クリスマス用の赤い布ナプキンのようなものを除き、毎日使うものは、白で統一することです。

色物は、古くなると色が褪せてきて、生地が傷む前にみすぼらしく見えてしまうからです。漂白もできません。

同様のことは、シューズやバッグ、ソファなどの皮革製品、テーブルや収納などの木製品についてもいえるでしょう。

合皮のものは本革のものより安価ですが、磨くことで美しさを増すのは本革です。汚れてきたり傷んできたら、削って塗装をし直したりと、長く使い続けられるのは、木製の無垢材の家具です。

そのほか、漆器や銀器もそうですが、一般に、天然素材のものは、人工素材のものより毎日の扱いに若干手がかかる半面、手のかけがいがあります。さまざまな方法で長く使えます。

チェックポイント

白のレザーの家具やコートを求めるのをためらうのは、汚れが目立ちやすいからです。さらにバックスキンとなると、汚れをとることも難しくなります。同様に、長く使い続けるためには、最初からメンテナスのしやすいものを選ぶことです。

たとえば、

・四隅が直線的な角になっている器よりも、丸みを帯びているほうが、隅についた汚れをとりやすくなります。

・ミキサーやホットプレートなどの電器製品は、汚れがつく部分を分解して水洗いできるようになっているかどうかが重要です。

・持ち手の部分から傷みやすい鍋は、持ち手の部分だけ交換できるものを求めれば、それこそ一生使えます。

昔の総桐箪笥は、削り直すことによって、二代、三代と使い続けていたものでした。

ひょっとしたら、ものもお金も不足していた昔の時代に、多くのヒントがあるのかもしれません。

住まいについては、メンテナンスを考えた品選び（ほんとうは、設計の段階から必要なのですが、それはここでは省きます）がいっそう重要になってきます。たとえば、

・手垢がつきやすい場所は、汚れが落ちにくい布や紙の壁紙より、汚れ落としのできる素材のほうが長く使えます。
・室内で犬や猫などのペットを飼っている場合や乳幼児がいる場合、カーペットは、掃除が面倒なだけでなく、汚れが雑菌の繁殖の原因にもなりますので、木製床にすることです。
・ブラインドやカーテンは汚れ落としをしても三〜五年の消耗品だと考え、取り替えます。
・布のソファは、ほこりがたまりやすいうえに、シミをつくってしまうと、なかなかとれません。汚れたら買い替えではなく張り替えて使います。

〈今日から始めよう〉

①ブラウスやシャツは、洗濯、アイロンかけが自分でできるものを選ぶ。
②ホームリネン類は白に統一して、漂白しながら、使い尽くす。
③キッチン道具や食器についても、手入れしやすいものを選ぶ。
④家具や内装材も、メンテナンスに気をつけて長く使う。

18 色彩を楽しむ

長谷川等伯の「松林図屏風」など、日本人は水墨画が好きです。水墨画は中国からの伝来物ではありますが、日本人の内面生活の深いところの情緒あふれる部分に触れるものがあるのでしょう。一方で、色彩鮮やかな大和絵、絵巻物、土佐派、狩野派、琳派、浮世絵など、昔の日本絵画の数々には色彩の豊かさがあります。決して水墨画だけが日本の色ではありません。

色柄に惑わされずに、機能的な形、似合う形、上質な素材がわかるようになってくると、上質な色も見極められるようになります。

尾形光琳の「燕子花図屏風」に見られるブルーは群青色で、フェルメールの「真珠の首飾りの少女」のターバンの色はウルトラマリンブルー（フェルメールブルー）。一見同じブルーに見えて、その実、違うものです。どちらも美しい色ではありますが、顔料の違いというより、空気の違いと色の組み合わせによって、感性の違いが出ています。

群青色の花、葉の緑、そして金箔――この三色で表された燕子花の群生を見ながら、日本人は抽象的な色の世界で、そこにあるべき別の色まで感じます。特徴的なのは、日本的な空気、湿り気が与えている瑞々しさです。

色彩はまた、わたしたちの気持ちの状態にも大きな影響を与えます。

ほんとうに元気なときは地味な色の服でも気にならないでしょうが、少し気弱なときに地味な色彩を選ぶと、ますます気持ちが弱くなります。そういうときほど、地味な色彩の装いをしがちですから、ここは意識して、元気の出る色彩を加えます。

元気を出したいときは、やはり、黄色、オレンジ、赤など元気そうな色彩のものを身に着けるのがいちばん。人目を引きますから引っ込みがちな自分を押し出してくれる効果があります。全身では目立ちすぎるようなら、ブラウスだけとか、スカーフ、手袋だけでもよいでしょう。

ふだんはシックに地味めな色や、白、黒、グレー、ベージュなどを基調にワードローブの色をまとめている方も、グレーにピンク、ベージュに赤など、必ず元気な色のものをいくつか控えに選んでおきましょう。出番は少なくとも必ず役に立ちます。

これらはけっして「無駄な」ことではなく、生活からあらゆる無駄を排除しようと潤いまでをも排除してしまうことこそ、心地よい生活を送るという本来の目的から考えると、本末転倒といえるでしょう。

チェックポイント

人は、視覚だけではなく皮膚からも色彩を感じています。

白は女性を健康にしてくれます。

ピンクは肌を元気にしてくれます。

淡い紫は自己治癒力のエネルギーを心身に行き渡らせる効果が期待できます。


このことは、食材においてより顕著になります。

野菜や果物の色は自然の色ですから、どの色も優しく身体にはたらきかけてきます。

最近は、色とりどりの野菜を生で、ディップとともに供したり、できるだけその鮮やかな色を損なわないように蒸した野菜をいただくことが一般的になってきています。これも、栄養素を逃がさない、というだけでなく、その彩りがもたらす身体と心へのよいはたらきかけが見直されているからでしょう。

野菜が、色彩をしっかりと主張しているのは、その命が人に十分な力を与えるということです。野菜だけのスープは美味しいだけでなく、身体が必要としているものです。カラフルな野菜の色が食欲を満足させてくれます。

食べものの色彩の主となるのは、五色（赤、黄、緑、白、茶）と黒、紫です。

野菜は、その色に注目して、絵を描くつもり、衣装の色合わせのつもりで取り合わせると、美味しくなります。

レストランや料亭の盛りつけが、アートのように美しいのは、たんに見かけを装っているのではなく、アートのように美しく取り合わせることによって、結果的に、実際、美味しい取り合わせになるからです。

トマトとタマネギ、ジャガイモとキュウリとタマネギ、ニンジンとブロッコリーとビーツ（赤カブ）、ダイコンなど、野菜だけでも彩りは素晴らしいものですが、お肉に添えるときも、魚介サラダやお刺身のつまにするときも、彩りに気を配りたいものです。

〈今日から始めよう〉

①気持ちが弱っているときは、意識して元気の出る色を身に着ける。
②色の与える身体と心への影響を意識する。
③料理は、常に野菜の彩りに気を配る。
④野菜は色に注目して、絵を描くつもりで取り合わせる。

19

住まいを美しく演出する

住まいは、「もの」と「空間」と「住まう人の行為」によって成り立っています。

いくら広い空間があっても、ものであふれていたら人の動ける範囲は狭くなります。それでは空間が有効に生かされていません。空間は、その広さに合ったものの量と行為のバランスによって、居心地よく整います。

空間を広く心地よく使うためには、まず第一に、無駄なものでふさがないこと。もし狭いなあと感じたら、ものを片付けるか、置き換える必要があります。

では、どのように置き換えるか？

ものは生活行為があってこそ必要なのですから、最初に、生活行為を中心に、ものの量や空間でのあるべき位置を決め直します。

行為に沿って必要品を限定してみると、ひとつの行為に対して、いくつも重複したものがあったり、ストックの量が必要以上だったりします。不要なものを処分するなどして、空間を生かします。

ただし、クリスマスや新年の飾りもの、食器など、毎日は使わなくても、決まって使う機会があるものは、必要なものとして保管しておくべきです。

曲者は、今は使っていないけれど、いつか必要になるかもしれないと思っているものです。たいていの場合、それらは使われることなく、忘れられ、ただ死蔵されて終わります。処分したあとに、それが必要になった経験を一度でもすると（ほとんどの人が経験します）、それが妙につらくのしかかって、捨てることを躊躇させるものですが、それでは永遠に処分できません。

今とほんの近い未来に焦点を当てること、それがポイントです。

空間を広く心地よく使うもうひとつのポイントは、美しく演出することとです。

たとえば、思い出の品、装飾品、趣味のコレクションなどは、処分したり、保管庫の奥にしまい込むのではなく、上手にディスプレイすることによって、空間を広く美しく見せることができます。

大切にしまい込まれているものこそ、住まいを演出するものとして使いましょう。

チェックポイント

住まいの演出は、思い出の品をディスプレイすることだけではありません。もっとも手軽で効果的な方法が、花を活けることです。

流儀のある生け花ができなくても、部屋に花を飾るだけで、空間は美しく、品格を持ちます。

とはいえ、床の間という限られた空間に、お約束の形式で季節を活ける生け花には、形式を習わなくてはいけないという制約や堅苦しさはありますが、楽な面もあります。いわばマニュアルに従っていれば間違いはないからです。

自由に花を活けることが主流となっている現在は、自由な半面、センスが問われます。フラワーアレンジメントの基本を習ってみる方法もありますが、花は、野原や庭に咲いているように、つまり太陽に向かって活ければよいのです。

いずれにしろ、重要なのは、生け花と同様、季節を楽しみ、表現することです。毎日、花のある生活が理想ですが、まずは、クリスマス、お正月、家族の誕生日や記念日などに花を飾ることから始めましょう。

花の次に、住まいを演出するものといえば、絵画やタペストリー、写真などでしょう。こちらは、壁を飾ります。この場合も、季節ごとにかけ替えて、季節感を出します。壁面に飾る高さは、その場所での視点（フォーカルポイント）に合わせます。

このほか、飾り用の棚やテーブルに、小物を並べたり、さらに小物と花を組み合わせて置いたりします。小物は高価なものである必要はありません。河原や海辺で拾ってきた色や形のきれいな石や貝殻なども、飾り方次第で、立派な演出となります。

住まいに、大げさではなく心地よい変化を与えることができる技術を持つことは、無駄ではなく、むしろ空間を無駄にしない行為です。

〈今日から始めよう〉

①空間をふさいでいる不要なものを見つけて排除する。
②思い出の品は、死蔵するより、ディスプレイして、住まいの演出に用いる。
③季節感のある花や絵画、タペストリーで住まいを演出する。
④生け花は一輪から、いつも花のある習慣にする。
⑤住まいの演出は、ものの大きさや数と空間とのバランスを考える。

20

買わなくても、日頃からよいものを見ておく

ファッションであれ、インテリアであれ、テーブルセッティングであれ、センスのいい人というのは、それらについてのプロの仕事をたくさん見ている人、日頃から情報を積極的に仕入れている人です。

たくさん見ているので、よいものがだんだん見分けられるようになりますし、自分でも見よう見まねでやってみることができるようになります。

ファッションなら、着る着ない、買う買わないは別として、雑誌、ネット、そして、ウィンドウショッピングと、さまざまな方法で情報に触れます。それらは、高級なもの、安価なもの、上質なもの、高級ブランドの様子など、世の中の動きの美しい縮図になっているものです。世の中を知るための情報がたっぷり入っています。

ブランドも、自分の好きなブランドだけでなく、世代やライフスタイルやテイストの異なるものも店頭で実際に触って、ときには試着してみると、デザインや品質が実感できま

す し、自分が好きなブランドとの比較ができます。

流行には関心のない方でも、今、どんなコーディネーションが新鮮なのかは、年齢にかかわりなく知っておきたいところです。自分なりのコーディネートの幅が広がります。

最近は、ファストファッション流行りで、はなから高級ブランドは自分とは無縁のもの、商業的に仕組まれたものと、関心を持たない人も増えているようですが、ファストファッションの流行のもとをつくり出しているのが、毎年のパリやミラノのコレクションです。

そうした情報をチェックしておくことは、ファストファッションのアイテム選びにも役立つはずです。

さらに、よい色柄のものをたくさん見ておけば、実際に身の丈の商品の中から服を選ぶときに必ず反映されます。

高級ブランドを身に着けている人も、好みのブランドだけに偏らず、さまざまなブランドについて、幅広く知っておくことをおすすめします。デザイナーのアイディア、素材の使い方、デザインの類似点など、衣装選びとは切り離した情報としてもヒントがあります。

チェックポイント

日頃から、買う買わないにかかわらず、よいものに触れておくことが大切なのは、インテリア製品やグラス、食器などについても同様です。

クッション、カーテン、飾り棚、ソファ、テーブル、シャンパングラス、銀器など、今は買い換える予定がなかったり、予算的に到底無理なものであったり、あるいはテイストがまったく異なるブランドの品であったとしても、ショッピングのついでに覗いてみたり、ソファなら座り心地を試してみたり、海外のインテリア雑誌などを見るように習慣づけているうちに、自然に、よいものを見分ける目やセンスが養われるものです。手づくりやリフォームの際のヒントにもなるでしょう。

イギリスやフランス、アメリカドラマや映画などにも、参考になるものがあります。

海外雑誌のインテリアページ、映画のシーンも参考にしてみましょう、と申し上げると、家が全然違うから、狭いし、予算もないから、と反論がありそうですが、そのままではなく、そのテイスト、暮らし方のスタイルを知り、応用して取り入れることは可能です。見るだけでも自然にセンスアップします。

今は不要と思っても、こんな暮らし方がしたいと感じるのはテイストが近いということと心に留めておけば、いざというとき、失敗のない住まいの計画づくりに役立ちます。

また、住宅設備や電気器具についても、今は買い換える予定がなくてもチェックしておきましょう。エコ製品や新しい設備機器、住まいそのものを長く持たせるための技術などは、日進月歩で進化しています。日頃からそうした情報に触れておくことで、いざというとき、的確な判断ができるようになります。

たとえば、最新の空調システムに、計量換気システムがあります。端末機がインテリアを損なうこともなく、夏も冬も望む適温にコントロールできます。ただし、窓を開けたい、風を通したいという願望には不向きです。

住まいの情報を楽しみながら、自分が求めていた快適さはこれなのか、そうではないのかなどと、常に検証し続けることが大切です。

〈今日から始めよう〉

①見る目を養うためにも、着る着ない、買う買わないは別として、高級ブランドやいろいろなファッション情報や商品にも日頃から触れておく。
②海外雑誌の写真や映画などから住まい方やインテリアの魅力を楽しむ。
③欧米のインテリア情報で、家具のレイアウトや演出の基本を学ぶ。
④住宅設備や電気器具などの最新情報にも関心を持つ。

21 得意の家庭料理の腕を磨く

今は、調理の情報もグルメ情報も、ネットで検索して探す、という人が大半でしょう。テレビの料理番組も相変わらず人気で、アーカイブを見ることもできます。

ただし、グルメ情報やお取り寄せ情報に詳しい方でも、案外、野菜をはじめとする食材の処理の方法、栄養知識の情報などには関心が低かったりします。その食材の持つ栄養価と自身の料理技術に合った加工方法、納得できる美味しさがイメージできる料理かどうかで、情報をチェックしたいものです。

テレビの料理番組やネット投稿で人気の誰かのレシピのすべてが、我が家に合うとは限りません。次々に出る新作料理を試すより、ほかにも応用できること、なるほどと思える手さばきなどといった基本的なポイントなど、自分の得意料理を磨くための情報を入手するという観点から見てみるとよいでしょう。

情報を自分なりに咀嚼するためには基礎知識を持っていることが重要なのは、料理も同じです。このため、お料理教室の基礎講座を一度は受けてみることもおすすめします。お料理の知識だけでなく、サロンとしてのコミュニケーションも貴重な情報となります。その場合、せっかくお気に入りの先生の講座に行くのでしたら、忠実に、教えに一〇〇％従うのが得策です。人となりとお料理は一体化したものですから。

また、一流レストランや料亭に行ってみることも、味付けや献立、盛り合わせ、お皿選びやセッティングのよい情報源となります。

栄養に関しても、処理加工方法にしても、ずいぶんと変化し進化しており、その新情報は役に立ちます。一方、昔の人たちがよく食べていたものの中にも、栄養面で納得できるものがたくさんあることに気づかされることもあります。それを発見するのもまた楽しいものです。

家庭料理は栄養価の高い良質な旬の食材を真剣に購入して（購入方法はいろいろあります）、まずは、下処理をして、すぐ使える状態で保存しておくと、料理の時間が短くなり、メニューも決めやすいものです。時間があれば、常備菜もつくっておくこと。食材を「うちの子」にする習慣です。

チェックポイント

料理の情報は、つくり方を見て、だいたいの味が想像できたり、そのとき旬の別の食材や調味料で代替したりなど、自分なりに情報を応用できるようになることが大切です。そのためには、最低限の料理の基礎知識を持っておきたいもの。

ここでは、味付けの基本をご紹介しておきましょう。

〈味付けの前に気をつけること〉

美味しさは味付けによるものと思われがちですが、味付けに自信を持てないでいるのでしたら、食材の味をシンプルに生かせばよいのです。

食材を生かすには、「切ること」と「火加減」の技術を習得することが重要です。

・切るときは、注意力を磨き、丁寧さ（大きさをそろえる、厚みをそろえる、口に入れやすい大きさにする）を心がけます。
・火加減は温度感覚に対する敏感さ（火の強さの調整だけでなく、火から外したり、動かしたり、余熱を生かしたり、蒸らしたり）を鍛えることです。
・弱火でゆっくり火を入れれば食材は柔らかくなりますし、強火でさっと炒めれば歯ごたえがしゃっきりします。慣れていないうちは、タイマーで時間を計ると火加減が安定します。

・蒸す、茹でるは過ぎたるは及ばざるがごとしの典型です。少し早めに火を止めて余熱を生かします。焼きすぎも味を損ねます。

加熱の「ちょうどよい」をマスターした人が料理上手といえるでしょう。

〈和洋中の味付けを知る〉

出汁、調味料、スパイスを使い分けることで、同じ食材が和食、洋食、中国料理らしい味になります。

料理のプロは、ジャンルの垣根を越えてスパイスを隠し味に使い、新感覚ともいえる味をつくり出しますが、家庭料理では真似しないほうが無難です。シンプルで優しい味が家庭料理の味の基本です。

たとえば、ナスの薄切りに塩をして、五分蒸します。

・これを和の味付けの料理にするなら、ミョウガの細切りを薬味に、カツオ節と醤油。

・中華の味付けなら、ネギショウガと芝麻醤《チーマージャン》、醤油、砂糖。あるいはネギ、ショウガ、豆《トウ》板醤《バンジャン》、醤油。

・イタリアンにするには、オリーブオイル、塩コショウにバジル。または、ニンニクとアンチョビ、または、ジェノベーゼソースであえる、といった具合です。

〈コク、絡み、風味をつける〉

美味しさには甘味、酸味、塩味、苦味、旨味の五味のほかに、渋味、辛味があります。

・美味しさを出す秘訣は、コクを出すことです。

コクとは旨味が凝縮していること、旨味に深さがあること、広がりがあることです。

さらに、味が食材とよく馴染み、平均して絡まると、料理に厚みが出ます。

・視覚的には、色がよく光沢があり、形も美しいと、食欲が増します。

・また、歯触りや咀嚼音も美味しさのひとつです。

味全体に香りや風味が感じられる、または風味付けの食材が加わることも必要です。

たとえば、麺類などの味付けを考えてみると、麺の美味しさを出すには、コク、絡み、風味が必要です。旨味成分の肉や魚と野菜などの相乗効果によって、全体のコクを出しています。

そして、旨味のスープやソースが麺に平均的に絡まるためには、野菜やパン粉、オイルなどが絡みの役割を担います。

大葉、ミョウガ、ショウガ、ニンニク、パセリ、バジル等を加えることで風味付けになります。

〈今日から始めよう〉

①料理の情報は、栄養価と、それを生かした調理法かどうかに留意する。
②さまざまな料理情報やレシピを得ながら、自分の得意料理の腕を磨く。
③料理教室の基礎講座を受けてみる。
④一流レストランや料亭に行ったら、新しい献立、味付けや組み合わせ、盛りつけ法などを学ぶつもりでいただく。
⑤食材は、買ってきたらできるだけ早く下処理して、すぐに使えるようにしておく。
⑥料理では、食材を生かすことがなにより大事。そのための切り方と火加減をマスターする。
⑦和食・洋食・中国料理の味付けの基本を知る。

●和洋中の味付けのリスト

和食	中華	イタリアン・フレンチ
カツオ昆布出汁 煮干し出汁 干しシイタケと昆布出汁	鶏ガラスープ	ブイヨン（ブロード） フォンドヴォー（仔牛の出汁） ソフリット
砂糖 塩 酢 醤油 味噌 みりん 日本酒 塩糀 ごま ごま油	塩 醤油 黒酢 紹興酒 ごま油 芝麻醤 豆板醤 甜麺醤 XO醤 オイスターソース チャウニャン	砂糖 塩 ワインビネガー コショウ 唐辛子 オリーブオイル バター マスタード ワイン トリフオイル バルサミコ
柚子 カボス スダチ 山椒 木の芽 大葉 ミョウガ 辛子 唐辛子 ワサビ ショウガ	ニンニク 唐辛子 ネギ ショウガ 干し貝柱 干しエビ 辛子 山椒 花椒	ガーリック バジル ローズマリー アンチョビ ケッパー レモン マヨネーズ

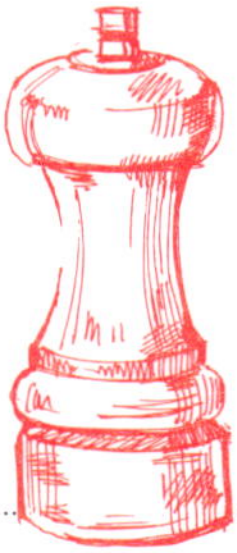

＊酒粕でつくるチャウニャンは酒粕200ｇ水200ｇ黒酢75cc黒砂糖75ｇを加熱して混ぜます。
加熱する料理の隠し味として使います。

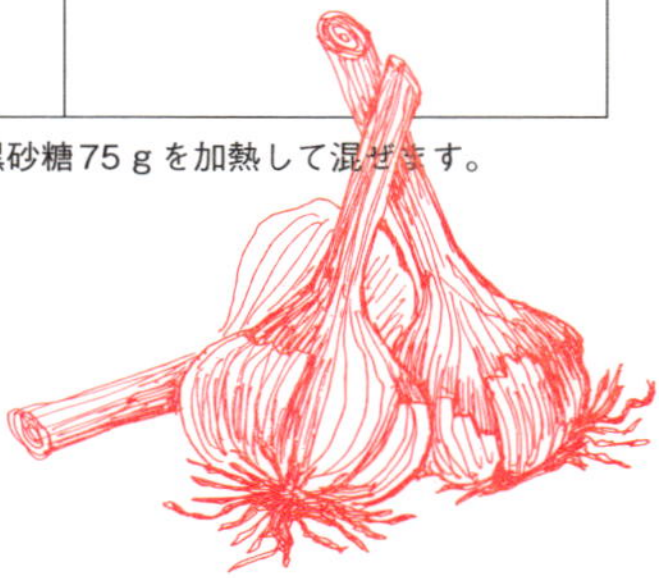

22

表現したい自分とそれに合った色と形を知る

服には、それぞれ、似合う形、美しく見える形、自己表現の形があります。

自己表現の形の例としては、たとえば、テーラードスタイルのスーツは、ビジネスパーソンとしての自己表現に向きます。一般的な形に思えますが、襟がもともと紳士服の形ですから、女性らしさではなく、男性と対等であることを自然に表現することになります。

このように、服の形は、着る人の個性、価値観、ライフスタイルを表します。

一方、色は、目立つ、引き立つ、控えめなど、積極度のバロメーターになります。

たとえば、積極的に目立ちたいときは、赤、黄、オレンジなどの前に出る色彩を。緑、青などでも鮮やかさのあるものにし、コントラストの強い白と黒、黄と紫などを選びます。

大勢の中にいるときは、形よりも色彩が目立ちます。

相手にあえて緊張感を与えたいときは、堅い職業の男性と同様、黒や濃紺などを選ぶと効果的です。反対に、相手に安心感を与えたいときや、それが求められる場では、自分に似合う色でありながら相手の気持ちを落ち着かせる柔らかい色や中間色にします。

たとえば、安心感を与えながら堅実さも出したいときはベージュや茶、薄いグレー、優しさや女性らしさを表現するには、ピンクや薄い水色がいいでしょう。

では、服のもうひとつの要素である素材は何を表すかというと、素材と仕立ては、着る人のグレード（社会的地位や立場）を明らかにします。無理に背伸びをする必要はありませんが、ファッションに興味のない方であっても、素材については、自分の立場や社会的地位にふさわしいものを身につけたいものです。

似合うものを知って、できるだけ美しい自分を表現したいとは誰もが思うことでしょうが、それだけでなく、あなたが意図するとしないとにかかわらず、着るものは、あなたの立場、考え方、何を大切にしていたいかという思いまでをも表します。服装と立ち居振る舞い、言葉遣い、表情、それらが一体化して、あなた自身を表現しているのです。

現代に生きるわたくしたちには、ビジネスウーマンの顔、妻の顔、母親の顔など、たくさんの役割があり、たくさんのシーンに登場しなくてはなりません。七変化もあるかもしれません。いずれの場合も、何かの都合による弁解をすることなく、「これがわたくしです」と伝えられる自分でいたいものです。

チェックポイント

女性が美しく見えるポイントは、襟の形、デコルテの見え方とウエストにあります。襟は、立ち襟と襟なしに至るわずかな変化に、美しさがつくり出されます。デコルテの見え方については、クルーネック、スクウェアネック、Vネック、ベアトップなどがあり、さらに、同じクルーネック、Vネックでも、開きの深さや大きさに違いがあります。襟の形と合わせて、自分に似合うネックの形を見つけておくことが、無駄のない服選びとなります。

好みや流行は別として、女性の美しさを強調するという点では、ウエストを高めの位置で絞ったデザインが基本です。したがって、女性らしさを表現したいときは、ボックス型のジャケットより、ウエストを絞ったジャケットを選びます。その典型がペプラム付き。フリルやフレアーで、ウエストから裾に向かってふわっと広がったデザインです。

上着丈は短いもののほうが、全体のバランスは美しくなります。ミニスカートやパンツには丈の長いジャケットが合いますが、女性ならではのプロポーションとしては短いジャケットが基本です。

色についてはまず、好きな色と似合う色の違いを冷静に見分けることが大切です。色相の違いより色味の違いが重要です。同じ赤でも、黄味がかった朱赤もあれば、ピンクがかった紅色もあります。ネイビーも、紫がかったもの、青に近いもの、黒に近いものとさまざまで、似合ったり似合わなかったりします。

次のページに、一般的なパーソナルカラーの分類を示しましたが、どんな色味のグループが似合うかは、肌の色、髪の色などの特徴によって決まってきますので、その色を肌の近くに持ってきて、肌が美しく見えるかどうかを調べましょう。

その際、形や雰囲気に魅せられて色が不似合いなことを見逃さないよう注意します。

〈今日から始めよう〉

①服の形、色、素材が表現するものについて知り、自分の服の形、色、素材が、自分が表現したい自分に合っているかどうかを見直してみる。
②持っている服の中で、もっとも似合うと思う襟の形、デコルテの見え方を知る。
③好きな色と似合う色の違いを見分け、自分に似合う色味のグループを知る。
④ウエストを絞った短い丈のジャケットを試着してみる。

●パーソナルカラーの特徴

春	夏	秋	冬
黄色味系	青味系	黄色味系	青味系
明度が高い （明るい）	明度が高い （明るい）	明度が低い （鈍い）	明度が低い （濃い）（暗い）
彩度が低い （ソフト）	彩度が高い （鮮やか）	彩度が低い （深み）	彩度が高い （強い）
穏やかな パステル色	爽やかな澄んだ色 若々しい色	くすんだ 柔らかな色	原色のはっきり したコントラスト

23 「きよら」を目指す

「きよら」という言葉をご存じですか。古文の教科書を思い出す人もいるかもしれません。

きよらとは、美しいことの最上級の表現です。

美しいことを「きよら（清ら）」という言葉で表現するところに、日本人の清潔感を見ることができます。そのことは、現代語においても、clean（清潔）とbeautiful（美しい）をともに、「きれい」という言葉で表現するところにも表れています。

湿度の高い気候の中では、清潔であることに心を配るのが、生活を美しく保つための基本だったのでしょう。身体を清め、精神を清め、そして、なんであれ、日々の生活を安らかなものであるように願って行うことが大切だと、考えてきたのです。

住まいが持ち家であれ賃貸住宅であれ、まずは、住まいの清潔さを心がけることが重要です。住まいの清潔さに、心身の健やかさは比例するからです。自宅の清潔さが気持ちよいと感じれば、ほかの行動範囲についてもそうありたいと望むようになります。

自分の住まいを汚さない気遣いが少しでも多くの人に芽生えれば、住まい以外の公共の場も清潔になります。

衣服についても、清潔感は、お洒落のセンス以前の問題です。きちんと洗濯されて、クリーニングされているものを着るのは当然です。そのうえで、より清潔感を演出する着こなしを考えたいものです。

たとえば、スーツやジャケットの下に、ニットやTシャツ的なものをインナーとして組み合わせるのは、動きやすく、着やすく便利ですが、清潔感を演出するなら、糊のきいた、しわのない白のコットンブラウスです。上着を脱いだときの白いブラウスは、人目を引きます。

ただし、袖口は汚れやすいので、仕事着には半袖かノースリーブ、長袖を着る場合は、仕事中は袖口を折って巻き上げておくことが大事です。

色は、すっきりとシンプルであること、くすみのない色が、清潔感の基本です。黒や濃いめの色で、特に厚手のウールや起毛した素材は、ほこりが目立ちやすいので注意します。ほこりは清潔感を大いに損ないます。こまめにブラッシングすることが大切です。

チェックポイント

美味しいレストランは、厨房を見ればわかると、プロ自身がいっています。料理は、つくる段取りも大切ですが、後片付けも見事でなくてはなりません。清潔で磨き抜かれた美しい調理場だからこそ、美味しいお料理がつくられるのです。

とはいえ、皿洗いなど専任のスタッフがいるレストランと違って、ひとりで切り盛りする一般の家庭ではなかなかそうもいかず、料理に夢中になっていると、お料理ができたころには疲れてしまって、キッチンの手入れは適当でよしとしよう、などとなりがちです。

でも、聡明で料理上手な人は、手際よく、料理をしながら片付けもしていき、料理が仕上がったときには、キッチンも片付いています。見ているだけで、気持ちがよいものです。

それは前もって料理のプロセスがシミュレーションされているからです。

キッチンは毎日使うものですから、一度使って汚れたら、その汚れを翌日に持ち越さないのがいちばんです。ものを出したままにしておくのは次に使うのに便利かもしれませんが、それが汚れのもとです。すんだら、何もかも片付けるのが、清潔なキッチンの基本です。

このためには、収納部分を一カ所にまとめる、つまりパントリー（収納用小部屋）にするのが合理的です。キッチンの作業スペースは、シンクとレンジ、ワークトップだけにして、道具類はすべて、ワゴンでパントリーに運びます。実は、小さな住宅に適した方法です。

それが難しい場合も、作業スペースに、電気器具や調理器具、調味料などを置かない方法を工夫しましょう。

シンク、レンジがよく磨かれ、お鍋はどれもぴかぴかとなれば、これは大いに自慢のキッチンといえます。清潔であることは、食にとっては安全であることにつながります。美味しくて安心なものを毎日、食することで、いきいきと美しく生きることができます。

お水の清潔度も大切です。したがって、浄水器は必須です。よい水は、飲むだけではなく、食材をよみがえらせ、美味しくします。ことに野菜は、水分を多く含み、加工するときにも水分を吸収しますから、いわばお水は食材の一部です。

〈今日から始めよう〉

①調理手順は始める前に頭の中で描いておき、必要なものを出しそろえてから調理を始める。
②料理をしながら、片付ける。
③キッチンの汚れを翌日に持ち越さない。
④キッチンの作業スペースに器具や調味料などを置かず、毎回収納する。

上級編
美しさを目指す

24

美しくないものは使わない

便利最優先から脱却し、アイテムぞろえに夢中になることからも逃れ、冷静さを取り戻したら、次に目安になるのは何でしょうか？

より強く意識したいのが、美しいかどうかです。

日本人が昔から使っていたお道具や衣裳、住まいのすべては美しいものです。素朴なもの、日常的なもの、豪華なもの……どのグレードのものも、用途に応じた機能、技術が極められ、美しく高められています。

長い年月に培われた日本人の感覚と合理的な生活姿勢による「用の美」といえるものです。使いやすさと美しさが一体化しているのです。

現代の量産可能な素材、安くできる製法に置き換えられたものは、似た形をした、同じ用途に使うものであっても、それらとはまったくの別ものです。便利さが増したかのように勘違いしそうですが、古くからあるものと比べてみると、多少違和感があります。

長持ちする、安いなどという基準だけなら、それでもよいのでしょうが、たとえば、竹のざるとプラスチックやステンレスのそれとの違いを考えてみると、竹はその断面に水切りをよくする工夫がありますが、ほかの素材には、そういう工夫はありません。したがって、使い方も扱い方も違ってくるわけです。

こんなふうに、わたくしたちが日常で使うものは、ずいぶんと変わってきました。そこでわたしたちが失ってきたのが、美意識、美的感覚です。

昔の生活用品に戻りましょう、といいたいのではありません。ただ、わたくしたちの時代の日常品を美しいものにしていくべきだと思うのです。それが、わたくしたちの美的感覚を取り戻す唯一の方法です。

古いものであれ、新しいものであれ、美的感覚に照らし合わせて選ぶ努力を惜しまない。それが最初で最後の方法です。

美しくないものは使わないと宣言すれば、無駄なものが、あなたの持ちものからはもちろん、市場からも減っていくはずです。

チェックポイント

美しい住まいを維持できる方は、美意識と見識の高い方です。

小さなマンション住まいであろうと大邸宅であろうと変わりません。

どんな職業や境遇であろうと同じです。関心があるかどうかの違いだけです。

このようにいうと、「それは予算のある人ができるのでしょう」とか「家が狭いから無理」とか、そんな声が聞こえてきそうですが、美意識のあるなしは、予算とは関係ありません。美しいもの、美しいということに意識を向けているかどうかです。

空間が狭ければ、ものの数も少なくすればいいだけのこと。すべてが美しくそのレベルが高いということと数量が多いのとは、別のことです。


現在は世界的に、ものを捨てるミニマリストが流行で、何をどう捨てるかの「捨て方」の本が巷にあふれていますが、美意識、美的感覚が高まれば、目障りなものは消えます。無駄なものとして排斥されてしまいます。

それでも無駄なものがなくならないとしたら、別な執着が影を落としているのでしょう。でも、美意識、美的感覚が高まると、美しいものを知っている喜びは、物質的執着すらも取り除いてくれるはずです。

美しいものしか置かないというのは、椅子ひとつ、照明器具ひとつ、時計ひとつ、電動歯ブラシひとつにも妥協を許さず美的に許せるものしか使わないということ。現代の「用の美」です。美しい置き物やコレクションの類のことではありません。

美意識から選んだコレクションでも、空間が許せばの話であって、小さな住まいには弊害となることが多いからです。

そもそも、コレクションというのは、何かに惹かれるプロセスであって、ゴールは、収集の執着から卒業することなのです（職業的コレクターのコレクションは別です）。

美意識が高まれば、ものと空間が一体になることではじめて生まれる美しさと、そこから得られる安らぎに気づくことでしょう。美しさが疲れをとり、心に余裕を与えてくれることに気づくでしょう。

何もないのでもなく、何かをステータスにするのでもなく、ほどよく、あるべきものがある、そんな美意識を目指したいものです。

〈今日から始めよう〉

①周りに置いているものから、自分の美意識のレベルを知る。
②美しさを基準に選ぶ、と決める。
③まずは、キッチン、リビングから、無駄なもの、美しくないものを捨てる。
④美しいと思えるコレクションでも、すべてを出さず、ほどよく置く。

25

自分の美意識に合うものしか着ない

服選びには、なんらかの妥協がつきものですが、自分にふさわしいものを選ぼうと決心するなら、チェックを厳しく、妥協を許さず、自分に言い訳をするまいと覚悟しなくてはなりません。

このとき、優先させたいのが、美しいかどうか、です。たとえ似合っても、やはり美しさが基準です。そもそも衣装を考える目的は、ひたすら着る人、つまり自分を美しく見せることですから、当然です。

住まいを考えるより試しやすく、センスアップしやすいものであること、また、自己表現や自己満足に直結しやすいものであるという点で、また毎日を美しいものにしていくうえで、装いを変えるのがもっとも効果的だといえます。

自分の美的感覚の基準を十分にクリアしたもの、感動を感じているものなら、誰でも大切にするはずです。妥協して、あるいは、安さだけに惹かれて買ってしまうから、結局飽きてしまいます。

一年以上着ないものは捨てましょう、と書いてある本もあるようですが、ほんとうに美しいと感じている服をそう簡単に捨てることはできないでしょう。捨てる必要もありません。いずれまた、別のコーディネートができるようになります。

もし、クローゼットを整理するとしたら、処分するのは、実は美しくはないけれど、便利、着回ししやすい、高かったなどの理由で持っている服です。美しいと感じているもの以外は捨てては、いけません。逆にいえば、そういう服しか買ってはいけないのです。

ファッション用品は街にあふれているように見えて、形、色、素材、コーディネーション、それを着るシーンの条件に合い、なおかつ、予算に合い、自分にぴったりのサイズのものがあって、そして自分の美意識に合う服、というのは、そうそうあるものではありません。幸か不幸か、真剣に検討すると、増やしたくてもなかなか増やせないのです。

無駄な服がない、というのは、いつも自分の美意識、美的感覚に合ったものを着ていると思えることです。

「着て楽かしら」とか「実用的で便利そう」などといったことに関心をいだいていては、美的感覚は養えません。

チェックポイント

衣装に対する美意識を高めるため、予算を投じて真剣勝負で学び、失敗の数々を積み上げることに勝るお道楽はなかなかありませんが、やはりそれは無駄なことです。

ではどうするか？

まず、ふだんから服を漠然と見ないこと。雑誌やインターネットでファッション情報を見るときも、ウインドウショッピングをするときも、襟、袖、スカート丈、またはパンツの太さなどの形と素材や色との組み合わせの必然性に目を向けます。

そして、たとえばピンクとオレンジ、紫と黄緑など、色の新しい組み合わせ、小物使いのおもしろさに注目します。そして、手持ちの服と小物で試してみるのです。

もし、形と色から衝動的に惹きつけられるものがあったら、冷静な美意識で、

- 素材を確認する。上質なものかどうか、メンテナンスはしやすいか
- 自分にぴったりのサイズがあるか
- 価格は予算に合っているか
- 自分のライフスタイルの中で着るシーンはあるか
- そもそも自分に似合うかどうか

を、厳しくチェックする意志の強さを持ちたいものです。その積み重ねが、美意識を磨

き、美的感覚を高めます。

美意識に自信のある方は、手持ちの服に、自分の手仕事を加えて、衣装をアートにしてしまうのもよいかもしれません。

昔と比べたら、ずいぶん安価で、さまざまな服が買えるようになりました。既製服がこんなに豊富な現代だからこそ、今、再び手仕事の価値が注目されているように思います。高級ブランドの服にも、手刺繡や手編み、アップリケなどが登場し、驚くほどの値段をつけています。

パリのオートクチュールが注目されるのは、デザイナーのアート表現が自由で、注文する人もしない人も、アートとしての作品を見るだけで、大きな満足感が得られるからです。

〈今日から始めよう〉

①美しいと感じる服だけ残す。
②美しいと感じ、素材、サイズ、価格、メンテナンスの面からも納得できる服だけ買う。
③センスに自信のある人は、自分で手作業を加え、ファッションをアートとして楽しむ。

26

本物を知る

「本物＝上質なもの＝高価なもの」という等式が成り立っているようです。

たしかに、一般に、本物はやはり高価になりがちです。上質であり、特別な手加工があったりするオリジナルだからです。

けれども、逆は真ならず。高価なものが上質であるとは限らないし、ましてや本物であるとも限りません。高価なものを着たり使っているから美しく心地よいのではなく、美しく心地よいものを求めると、どうしても上質な本物に行き着いてしまう、ということです。

ですので、どのようにして本物を知るのかといえば、五感を鍛えること、これに尽きます。そのためには、自分によい影響を与える環境をつくることです。

視覚的には、美しい自然、優れた美術品に親しみ、聴覚的には、優れた音楽を聴き、触覚的には、良質な素材に触れ、嗅覚的には、花の香り、食べものの香りなどを意識し、そして、季節の美味しいお料理を味わいます。

さらには、素晴らしいものを毎日使うことこそが、本物を身につける早道です。上等なものはお客さま用としてふだんは使わない、という習慣を変えます。特に、銀器や漆器を筆頭とする食器などによく見られますが、この考え方こそが、本物を見つけることからわたくしたちを遠ざけています。

壊したらたいへんとか、傷むとか、手入れがたいへんだから、などという理由がありますが、それでは日常生活を美しくすることも、本物を知ることもできません。

なかでも純銀の銀器は、ステンレスのカトラリーよりずっと長く、美しさを保って使えます。アルミ箔と塩とともに煮沸すれば、たちまちぴかぴかになり、何代にもわたって使い続けることができます。

少ない本物を、お客さま用、ふだん用の区別なく、できる限り使うことこそが無駄のない生活です。そうした日常の生活の中から、自然に美意識が養われ、品格が身につきます。

本物を知ると、見る目と経済的な現実とのギャップが広がって、かえって不幸なのではないかというのは杞憂にすぎません。日常生活が美しく心地よくなり、安物や偽物に無駄なお金を使わないですむだけではなく、長く使い続けることができる本物を少しずつ買い足していくほうが、長い目で見れば、かえって経済的なのです。

そして、それ以上にうれしいのは、いつのまにか自分の感性が磨かれ、美的感覚が高まることです。

チェックポイント

衣服の本物選びは、まずは素材のよさを知ることから始まります。天然素材でなくてはと思えますが、その天然素材も、現代のものは昔のものと比べてかなり品質が落ちています。手間暇かけて少量しかつくれないものは高価ですし、そもそも少量しかないのですから、流通の問題としても誰もが手にすることは不可能なのです。

布のよし悪しは肌触りで決まりますが、手で触ってよい布とわかるのは、女性特有の感性にあるように思います。まずは、納得の肌触りを自身の感触で見つけることです。

本物の肌触りを知る手がかりは、上質なカシミヤにあります。なかでも、カシミヤ山羊の六ヵ月までの赤ちゃんの産毛であるベビーカシミヤが上質とされます。毛が細くしなやかで、光沢があり、柔らかく、ぬめり感があります。織り上がりは、薄くて暖かです。

これに勝るのが、ビキューナ（アンデス山地に住むラクダ類ラマ属）で、神の繊維と呼ばれる最高の肌触りです。かなり高価ですので、すべての方におすすめするものではありませんが、もし、触れる機会があったら、その感触をぜひ味わってみてください。

次に色柄。これは好み次第ですが、色柄にも、素材のよさが表れます。品質のよいものは、発色がよいだけでなく、つくり手の側も、良質にふさわしい色柄を吟味して仕上げます。

次に、仕立てです。いかに手加工の部分が多いかが品質を物語ります。布使いの巧みさ、崩れにくい縫製などが美しい形状をつくります。

自分のスタイルが確立していれば、長く着られる数少ない本物で満足することができます。自分の色・柄・形は「これ」と決めてあれば、布地の品質と仕立てに着目するだけでよくなります。

〈今日から始めよう〉

①食器やカトラリーは、少ない本物を、お客さま用、ふだん用の区別なく使う。
②美しい自然、優れた美術品、優れた音楽などに触れ、五感を鍛える。
③服は、素材のよさ、肌触りのよさ、発色のよさ、仕立てのよさで選ぶ。
④手加工の部分の多いものを選ぶ。
⑤安物をたくさん、あるいは毎年買うより、本物を少しずつ買い足していく。

27 フェイクを楽しむ

本物を知る、ということは、偽物を知ることでもあります。そして、ときにはそれを活用することでもあります。日常生活における美しさのために、フェイク、錯覚などを巧みに組み合わせる技術は昔からあり、ときにそれは、本物以上の価値を持つものとなっています。

たとえば、ファイン・ジュエリー（本物の宝飾）を買えない人のためのもの、あるいは本物は金庫にしまっているお金持ちが日常着けるものでしかなかったイミテーション・ジュエリー（フェイク）を、「コスチューム・ジュエリー」として、ファッションの主役級に押し上げたのは、ココ・シャネルです。いかに本物らしく見せるかではなく、本物の宝飾ではできない美しさをつくり出し、本物の宝飾をたくさん持っている富裕層の顧客たちを夢中にさせました。

また、セーブルなどの本物の毛皮やクロコダイルなどの爬虫類の皮革のバッグなどの代わりに、フェイクの毛皮や牛皮に型押しの製品が増えてきていますが、これは、本物を身に着けると動物愛護の観点から見識を問われることに加えて、フェイクのほうが技術的にもデザイン的にもおもしろいものがつくれるからでしょう。したがって、こちらも本物の代替品としてではなくて、フェイクだからできる美を楽しむことになります。

住まいについても、木製の床材（フローリング）においては、本物以上に美しく、本物以上にその木の特徴を表したプリントの施されたシートが貼り付けられている木質複合床材があります。

造園で使うプラ竹（プラスチック製）というものもあります。本物の竹は経年変化をともないますが、プラ竹は少し汚れたぐらいが本物らしく、そしていつまでも変化しません。合板に突き板やプリントを貼っても無垢材には見えませんが、無垢材に生じる反りや割れをともなわない利点は適所で使えます。

このように、現代は、本物以上に優れたフェイクがたくさんあります。

生活の中でフェイクを楽しむことは、美的感覚を磨き、本物を知っている人だからこそ味わえる贅沢ともいえます。

チェックポイント

フェイクを芸術的といえるまでに高めたのが精進料理です。

精進料理は「もどき料理」ともいわれますが、その名のとおり、動物性の食材を食することが禁じられている僧侶たちがお肉の美味しさを味わうために、別な食材でその味を表現するものです。シイタケなどのキノコで高級食材のアワビを感じさせたり、お豆腐や麩でお肉の味を出したり……。

最近は、お味噌をチーズ代わりにし、豆乳に里芋で粘りを出したクリームシチューやパスタソースなど、精進料理の考え方を洋風料理に応用して振る舞う、若い僧侶によるお寺も出てきているようです。

がんもどき（お豆腐、山芋、ゴボウ、シイタケ、昆布、ニンジン、銀杏などを混ぜて丸くして油で揚げる）はそもそも、「雁擬き」、すなわち、雁の肉に味を似せてつくったという説もあります。

中国料理の「普茶料理」も、禅宗（黄檗宗）とともに広がった「もどき料理」です。ゴマ豆腐は、白身魚のお刺身に擬したものですし、そもそも、ゴマ油で炒めたり揚げたりするのは、もどき料理を美味しく仕上げるためだったということです。

今、カニ風味かまぼこ（カニかま）が、世界的に人気だそうですが、イミテーションフーズでありながら世界に広まっているのは、カニとは別の食べものとして、食べる人を納得させるだけのものがあるからでしょう。

日本ではすでに平安時代から、魚介練り製品がつくられて食されていたそうですから、カニかまができても不思議はありません。カニかまは、スケトウダラの冷凍すり身を急速解凍し、再び冷凍してつくります。そうすると、カニの脚の身のような繊維になるのだそうです。最後にカニの香りと味（カニエキス）を加えているわけですから、もどき料理とは別の、おもしろフーズといえるのかもしれません。

たしかにおもしろフーズにはそれなりの魅力と美味しさがありますが、やはり工業製品より、自宅で加工する「もどき料理」を楽しみたいものです。

〈今日から始めよう〉

①コスチューム・ジュエリーを楽しむ。
②精進料理をもどき料理として味わってみる。その後、自分でつくってみる。
③本物かフェイクか、ではなくて、美しいか、美味しいかで判断する。

28 日常生活を上質にする

わたくしたちは、毎日の日常生活の中で考え、行動しているのですから、非日常的な場面で、どんなに上手に仮面を被っていても、たとえば、突然のできごとがあったときなど、ふだんの振る舞いとか口調、態度、表情などが表れてしまうものです。でも、外と内の落差が少ない人なら問題ありません。

日常生活が人となりをつくります。感性は日常生活で磨かれます。素顔、ありのままの姿、「ふだん」にすべての本質があります。

したがって、大切にしたいのはふだんの日常生活そのものを上質にすることです。具体的には、上質なものをふだん使いにすることです。生活行為と言葉遣いも、衣食住の生活と一体化しているからです。

量産品の中にも上質なものはありますが、当然、高価なもののほうが上質である可能性は高くなります。ただし、いかにも高級感を漂わせたものというより、簡素、質素に見えて、その実、上質なもの。それは昔から、日本人が好んできたものともいえます。

日常生活の中で用いるものの上質さは、素材やつくりが上質なだけではなく、用途が広いこと、使いこなしの応用で別なものも兼ねるくらいのしっかりしたものである必要があります。さらに、上質なものは長持ちしますから、飽きのこないベストチョイスであることが基本です。

たとえば、食生活なら、まずは、上質の包丁と蒸し器とフライパンです。

住まいでいえば、なにはなくとも上質なリネン類です。

タオルやシーツなど、家庭内で使うリネン類は、脇役に見えますが、住まいの日常の上質さを表すものであり、豊かさの象徴でもあります。上質なタオルは、使う場所を豊かにするだけではなく、使う人の触覚を磨き、安らぎを与えます。

生活行為と住まいは一体のものですから、住まいだけが上質になることはありません。人は極めて環境に左右されやすいものです。なぜ上質な住まいが必要かといえば、住まいの空間は人が育つ環境であり、特に感性を育てる役割をするからです。

空間が上質であれば、生活行為も上質になります。つまり、振る舞いやしぐさ、生活習慣、社交、言葉遣い、装いなども、品よく気持ちのよいものになるはずです。

チェックポイント

美味しいものは上質な包丁からつくり出されます。とはいえ、腕がプロ並みではない場合、包丁だけプロ仕様では手に負えません。技に比例してよいものにしていきます。スポーツの道具と同じです。

蒸し器は、これから選ぶのであれば上質なものを持ちたいものですが、今あるもので工夫しながら、蒸すことに熟達することが先決です。蒸すという調理方法は、野菜や肉、魚の栄養が逃げにくく、彩りも美しく仕上がるということで、素材を生かす調理法として、高級レストランにおいてもよく用いられるようになってきています。

一〇四ページにも挙げたように、味付け次第で、和洋中、いろいろな料理が楽しめます。

フライパンも上質のものを選びます。失敗なくつくれれば、上質な食材を無駄にせず、美味しくいただくことができます。

簡単な料理をするためには、上質な道具を数少なく持ち、よく使い、慣れることとです。ただし、キッチン用品に限らず、ふだん使いのものは気づかないうちに長く使ってしまうものです。経年変化や傷みが多少あっても見苦しくなく、むしろ愛着を覚えるようなものがいいでしょう。もちろん、よく手入れをすることも長く使う秘訣です。

上質な道具でつくる料理もまた上質でなければなりません。といっても、珍味や高級食材を使ったもの、というわけではなく、当たり前のお肉やお魚、野菜でありながら、安心できるもの、納得できる品質の素材を用いて、簡単に美味しく料理する、ということです。これが日常生活の上質です。

つまり、高級ブランド食材であっても、電子レンジで温めるだけの加工食品やでき合いのドレッシングは使わないのが上質、ということです。

さらには、特別の記念日や来客時のおもてなしではない日常にも、よい食器、銀器などのカトラリーを用いることは、先にお話ししたとおりです。年に数度の特別な日だけでなく、毎日、心地よく美しく過ごすほうが、人生は豊かになるはずです。

食器にとどまらず、食卓のテーブルクロス、花やキャンドルのセッティングを心がけることも、家庭での日常食を上質なものにします。それだけでなく、毎日、あれこれ工夫していくことになるわけですから、自然に美的感覚が養われ、特別な日やおもてなしの食卓をいっそう美しく、また手際よくセッティングすることもできるようになるでしょう。

次に、住空間を上質にするリネンについて、お話ししましょう。

かつて、西欧の良家の女性は、嫁ぐときにイニシャル入りの家庭用リネンを一生分、用意したといいます。エンブレムやイニシャルの入ったリネン類は、修理をして代々使われるくらいのお宝でもありました。

日本では何にでも使える白生地の反物が、それと同等のものでした。

家庭用リネン（ホームリネン、テーブルリネン）とは、タオル、シーツ、キッチンリネン、テーブルクロス、ナプキンなどです。

・シーツ、コンフォーターケース、ピローケース
・テーブルクロス、ナプキン
・フキン、キッチンタオル
・洗面タオル、浴用タオル、バスタオル、手拭き用タオル、バスマット、バスローブ

素材は、亜麻（リネン）、木綿（コットン）が主体。

亜麻（リネン）は、吸水、撥水性に優れ、汚れが落ちやすく、洗濯に強い素材で、使うほどに柔らかさが増します。グラスを拭くときにも毛羽が残らないアイリッシュリネンが高級とされています。

木綿といえどもエジプト綿、海島綿は、絹のような光沢、カシミヤのような肌触りです。ただし、自分の触覚で納得できるものなら、高級品であるかどうかは問題ではありません。

色は、昔は、白のイニシャル入りが上質とされていました。現在も、漂白などのメンテナンスがしやすいのは白です。どうしても色物を選びたい場合も、清潔感、さわやかさを第一に、白を入れた三色までの色合わせにしたいものです。

イニシャルを入れる必要はないとしても、タオル類はすべて、家族一人ひとり別のものを使って、毎日洗濯します。

〈今日から始めよう〉

①住空間を上質なものにすることによって、日常の生活行為も上質なものとなる。
②料理の道具は、まずは、上質な包丁と蒸し器とフライパンを用意する。
③住まいを上質なものにするには、リネン類を白い上質なものにする。
④高級食材ではなく品質のよい食材を、上質な調味料で自分で加工する。
⑤ふだんから、おもてなし用の食器やテーブルクロスや花で、食卓を上質なものにする。

29 ふだん着をワンランクアップさせる

ほんとうにお洒落な人やほんとうの贅沢を知る人の本領が発揮されるのは、外出着やいわゆる勝負服ではなく、ふだん着です。言葉遣いも振る舞いも、ふだんが基本であるように、衣装もふだん着が基本です。

ふだん着は、同じものを長時間着ていることになります。そのため、動きやすく、着やすく、型崩れしにくく、古びても質が保たれることが求められます。そう考えると、ある意味、外出着以上の上質さが求められるのです。

ただし、どこまでをふだん着と決めるかは、人それぞれの生活スタイルによって、また、生活行為によって異なります。仕事着とふだん着が同じ場合もあります。外出着にしても、どこまでの外出かによって、外出着に着替えるかふだん着のままで出かけるかが変わってきます。

また、同じふだん着といっても、来客を迎えるときのふだん着と、家事や庭仕事などの作業にいそしむときのふだん着では当然変わってきます。

動きやすい形状の上質な素材のふだん着なら、来客時にはアクセサリーや小物を加えたり、ジャケット一枚を羽織ることで、先方が訪問着で訪れたとしても失礼な対応にはならないでしょう。

セーターをはじめニット類は、動きやすくてふだん着に最適なもののひとつです。現代では、お洒落着や外出着にニットを着ても、くだけすぎとはいえなくなりましたから、アクセサリーでお洒落度を高めれば、そのまま外出着にもなります。

ただし、動きやすさをそのまま、楽であること、と置き換えることには不安を感じます。ふだん着というと、楽で、汚しても気にせず、ゆったりくつろげる形のものを選びがちです。しかし、ゆったりとした形というのは、自由な動きをするという必然のもとに生まれたのであって、身体を怠惰にさせるために生まれたのではない、ということも忘れないでおきたいものです。

ふだん着をワンランクアップさせるということは、上質な日常生活を送るということであって、楽かどうかというのはまた別の問題です。

チェックポイント

ふだん着をワンランクアップさせると、お洒落な外出着を持つ以上に、生活行為が整い、気分も上質に、贅沢な気分になります。

上質なふだん着のポイントは、動きやすさとアレンジのしやすさ、そして、美しさです。近所への買い物にも、さっと上着を羽織れば、誰かと出会ってもだいじょうぶといった、アレンジがしやすいものであること。

いずれにしろ、ウインドウショッピングや少々の買いものに出かける場合は、どんな店に行くかだけでなく、どなたかとの偶然の出会いもありえるわけですから、ふだん着であっても上質なもので出かけたほうが安心です。

着古した外出着をふだん着にする場合に気をつけたいのが、コーディネーションです。いくら上質な品だからといっても、無神経な組み合わせは避けること。そのコーディネーションがセンスの実態になってしまいます。

やはりふだん着であっても、似合うという美しさが必要です。

いいや、くつろぐときに着るものは、身体に楽なことこそ欠かせない、と考えるのは当然のことですが、むしろ美しく似合っていることによって、よりくつろぐことができます。

一般にゆったりとした形の服は楽ですが、だからといって美しいわけではありません。太っていても痩せていても、美しいのは、身体がよく訓練されていることです。

身体にぴったりしたものは、体形によって形状が変化しますが、身体より余裕のあるものは、動きによって形状が変化します。体形より身体の動きの美しさが、衣服の美しさを決定します。

〈今日から始めよう〉

①動きやすく着心地がよく美しく、長持ちする。ふだん着にこそ、上質が求められる。
②ふだん着であっても、常に誰かと会うかもしれないことを意識する。
③楽だという理由で、身体を怠惰にさせないよう、身体をこそ美しく鍛え整える。
④楽な服よりも、美しく似合っていて、動きやすい服をふだん着にする。
⑤服は、美しく似合っていることによって、くつろぐことができる。

30

本物の贅沢を知る

贅沢というと、すぐに高級ブランドの家具、ファッション品、時計、貴金属、超高級レストランや豪華なホテル、有名旅館、クルーズやファーストクラスのフライトなどが思い浮かびますが、それはただ値段が高い「贅沢そうなもの」にすぎません。予算があれば贅沢はできると考えがちですが、本物の贅沢は予算だけではできないものです。

では何が贅沢かといったら、今も昔も、贅沢とは人の手をかけることです。

ですから、自動車も洗濯機も芝刈り機も大量生産のプレタポルテの洋服もない時代、贅沢とは、家でも外でも、身の回りの必要なことをほかの誰かに手伝ってもらえる一部の権力者や富豪にのみ許されることだったのです。けれども、昔、彼らが受けていた利便性のほとんどは、今では科学技術によって誰でもごくふつうに手にしています。

現代の贅沢とは、そうした利便性をあえて自分の手をかけて行うことのできる時間的余裕、生活技術にあります。

自分の技術を磨き、セルフサービスの贅沢をつくり上げていきましょう。時間の贅沢も自分次第です。内面生活の充実も予算に関係のない贅沢です。

「ファッションに興味はないけれど、食べるものには贅沢しているの」ということの実態が、高級食材を使うことや高級レストランから取り寄せる料理といったことだとしたら、少し違うかもしれません。

贅沢な食事とは、美味しい手づくりのことです。美味しくすることに、時間をかけ、手間を惜しまないことです。市販の高級レストランのスープを温めて器に入れるのは、時間の節約にはなりますが、時間を節約するのは、贅沢の対極にあることです。

住まいについても同様です。贅沢な住まいと豪邸とは、別の範疇にあることです。住まいにおける最高の贅沢とは、自然を感じられることです。

修行者の庵から権力者のお屋敷まで、日本の家屋は、自然との協調の中にありました。設備的便利さという点では、暑さ寒さのもたらす環境は今と比べれば過酷なまでで、権力者は人手を雇い、庶民は堪え忍ぶ精神でそれをしのぎ、暮らしていました。それでも、今日以上に快適だったかもしれません。

今日では、住まいの設備的快適さは、贅沢というより、住環境の悪さを補うもので、たとえば空調設備の上質さは、贅沢というより生活の必需品といえます。

チェックポイント

食と住まいに関する贅沢のいくつかを挙げてみました。

・出汁、スープストック、ブイヨンに始まり、ドレッシングもすべて手づくり。コーンスープを缶詰でもレトルトでもなく、コーンを茹でて裏漉ししてつくるとしたら、それは優しくて最上級の美味しさでしょう。とても贅沢です。

・食材に珍味や高級なものを用いてつくるのも贅沢とはいえますが、ありきたりの食材だけれど身体によいものを、手間をかけ、美味しいものにつくり上げていくことが、それに勝るとも劣らない贅沢です。

・とれたばかりの旬の野菜を、素材のよさが生かされる加工で、そのものらしく美味しくするのも贅沢です。

・朝ご飯を食べるか抜くか論争はともかくとして、やはり朝ご飯をゆっくりと美味しくいただくのは、自分への贅沢です。

・掃除を人に任せる場合、住まいの汚れはなくても、美しくはありません。たとえ掃除をプロに頼んだとしても、手入れをし、磨くのは住まう人であってほしいものです。磨くことを通じて、住まいを美しくするという贅沢を身をもって感じることができます。

・冬に暖房の温度を高くして夏の姿でいるのは、贅沢とはいえません。窓を開けて空気の状態を感じ、風に乗ってくる梅の花の香りやキンモクセイの香り、または湿った雨の匂いが感じられるとしたら、それはなによりの贅沢です。
・住まいには気づかない臭いがします。消臭剤で消すのではなく、手入れを行き届かせて臭いのない住まいにします。臭いのない質素な住まいは贅沢です。
・感受性を高めること、美しいものに敏感であることも自分に与える贅沢です。
・今の自分を認めたり肯定したりできるのは、ほんとうに贅沢なことだと思います。これは他人と自分を比べなければ簡単にできます。
・自分のことだけでなく、自分以外の人のことも、褒めたり、支えたり、感謝したりできるとしたら、最高の贅沢です。

〈今日から始めよう〉

①時間を節約するためにお金を使うのは、現代の贅沢の対極にある。
②手づくりの出汁やブイヨン、ドレッシングを楽しむ。
③住まいを自分の手で磨く。
④四季と自然を味わえる住まいを工夫する。
⑤自分を褒める、人を褒める、感謝する。

31

清貧を楽しむ

本物とほんとうの贅沢を知っている人、美的感覚と感性に優れる人だけが味わうことのできる喜び、それが清貧を楽しむことです。

たとえば料理、本物の味を知っていればこそ、あり合わせの材料でも美味しくつくることができます。

清貧の住まいの究極は、昔の僧侶の庵、あるいは床しかない道場でしょうか。もちろん、わたくしたちがそこまでする必要はありません。ただ、あるのが当然、と思っていた家具を一つひとつ見直してみて、ほんとうにあるべきものだけに絞ってみようとすると、ほんとうに必要なものがわかります。

たとえば、自分にとっての居場所（マイスペース）は、内面生活を充実させるために必要なものです。それがデスクと椅子なのか、安楽なマイチェアなのかは人それぞれです。でも、クーラーを駆動させずに熱中症になるのは、清貧ではありません。つまり、何に絞り込むかということです。家族の身体的健康を犠牲にするのは清貧ではなく貧乏です。

要は、自分自身が安心できるなんらかのよりどころです。この自分の居場所は、全体との整合性をとった、良質なものでなくてはなりません。総花的に、すべてに心地よさ、良質を求めるのではなく、何かに絞って、そこには納得のいく良質を求めるのが、清貧の表現です。

また、清貧を楽しむ暮らしとは、四季の自然を楽しむ暮らしといってもいいでしょう。建材や内装材には、天然自然の色合いが似合います。経年変化を思えば天然の無垢の素材も加えたいところです（だからこそ、最高の贅沢だともいえます）。

ところが現代では、天然の無垢素材は予算的には清貧とはいえません。けれども、ふと窓から入る一瞬の風や光を感じることのできる生活、これは予算とは関係ありません。都会の真ん中だから無理だという言い訳をせず、どんなに悪い住環境であっても、自然が教えてくれることを身につけさえすれば、それを演出することはできます。外と中の条件は違っても、人が感じる自然な感じは同じなのです。

どんなにシンプルであっても、懐かしさを感じたり、くつろぎを感じるとしたら、そこには自然の演出が巧みになされているものです。

チェックポイント

自分にとって価値あるものであれば、たとえば、それが色の美しいガラスの空き瓶、形のよい石ころ、貝殻、廃物の建具、手づくりのテーブルなど、温もりのある清貧の住まいをつくり出すものとなります。

それをただ置いておくだけではなく、話しかけたり、瓶に水を入れて光を反射させてみたりすると、がらくたも結構楽しめる遊び道具となります。住まいでの時間をただぼんやりと過ごすのではなく、そこにあるものと向き合い、その空間を活動の場として楽しむことです。

料理については、毎日同じものなのに、飽きることなく、美味しくいただけるとしたら、味の完成度が高く、栄養のバランスがとれているからです。そして、素材がいいからです。

素材がいいというのは、アワビやキャビア、白トリュフなどの高級食材を使っているという意味ではありません。いい畑でとれた旬の野菜や新鮮な魚介、信頼できるルートから入手した肉類です。そしてそれらを、自然の味を生かして調理する腕です。

味噌、醤油などは、通常のスーパーで売られているより上等のものを選びます。上等といっても、高級食材と比べたらたいしたことはありません。お豆腐料理や煮物などの料理を美味しくします。

もちろん、この場合、お豆腐、その他乾物もまた、大量生産のものではなく、手づくりの美味しいものを求めます。豆乳を試してみれば、そのお豆腐屋さんの上質さがわかります。

当然、通常のものより価格は高い場合もあります。けれども、こちらもたとえば衝動買いするスイーツやファストファッションと比べたら、たいしたことはありません。

質素ではありますが、贅沢な、最高の美味しさ、まさに「清貧」の食事です。

〈今日から始めよう〉

①本物と贅沢を知ったうえで、あえて清貧を楽しむ。

②すべてに良質と心地よさを求めるのではなく、何かに絞り、そこには納得のいく良質を求める。

③衣食住に、四季の自然を取り入れる工夫をする。

④毎日の食事に、大量生産のものでなく、手づくりで上質の、醤油や味噌、豆腐などを用いる。

32 小洒落に、小粋に、こざっぱりと

自動車から食器、デパ地下のお総菜まで、小型のものが人気です。ものに限らず、「小」のつく言葉で表現されることが、時代の気分にふさわしいようです。

いかにもお洒落していいます、というのは野暮です。一見平凡なのに、どこか違って美しい、これが「小洒落」たものです。

控えめでありながら風情があって、さらりとして簡潔、それでいて艶があり、凛とした存在感があるのが「小粋」。形でいえば少し小振りなものです。

「こざっぱり」は、清潔で簡素なのに、さわやかな艶っぽさがほんのり漂う美しさです。

豪華さで競う必要も、機能で勝る必要も、大げさに洒落ている必要も、粋すぎる必要もない。それ以上でもそれ以下でもない絶妙なバランス――それが、「小洒落て、小粋で、こざっぱり」の世界です。

これには、自分の内側が安定していることがなにより重要です。内面が満たされている

から、外に多くを求める必要はないのです。不満や不安がないから、満たされない心を「もの」で補おうとしなくてもいいのです。

なんであれ、身の丈以上、分不相応なものや待遇を求めるときというのは、基本、自信がないとき、現状に不満や不安があるときです。もし今に満足していて、心が安定していれば、ほんの少しのお洒落と、感性が傷つかないですむだけの良質なものがあれば、毎日は十分に楽しいものです。

「小」のつくものは、余分なものが取り払われていなくては、単なる小さいだけのものになってしまいます。小さければ小さいほど、本質が問われます。純粋さが問われます。

「小」であることが、「小」ではないもの以上の魅力を持っていなくてはなりません。

シンプルで質の高いことが、そのなによりの結果として表れます。

チェックポイント

〈装い〉では、まずは「こざっぱり」が基本です。

汚れがないというのはもちろんですが、すっきりしていることが大事。フリルやリボンは女性らしさを表現できますが、こざっぱりと見せるためには、まめなアイロンかけが必要です。それが面倒な方は、最初から、すっきりした形状のものを選んだほうがいいでしょう。

この点、シンプルでオーソドックスな形状の無地のワンピースなら無難で、こざっぱりとなりますが、この場合、小洒落ても小粋でもないわけで、どこかに意外性、危なそうで危なくないといった感じを出したいものです。

たとえば、素材によって柔らかなドレープが出るもの。これは着こなしが難しいのですが、そこを苦心して着こなすとしたら、小粋になります。

張りのある素材はボリュームが出ますが、その場合も、その張りを生かして身体がスリムに見える着こなしでシャキッと着れば、小洒落たこざっぱり感が生まれます。

夏の麻は着心地がよく、しわしわになったところが小粋だったりするのですが、小じわができると、こざっぱり感が薄れます。糊づけをして小じわになるまでの時間を長引かせるか、元気と姿勢のよさで、小じわに負けないように着こなすかのどちらかです。

まずは、基本的なバランスをおさえておくことです。上部にボリュームがある場合は下部は細めか短めに。下部に広がりがある場合は上部はぴったり細めに。特に、上下の色を変える場合には、形状のバランスが際立って見えますから、鏡の前で慎重にコーディネートを吟味しましょう。


〈住まい〉のこざっぱりは、手入れが行き届いていて塵ひとつないこと。

広さに対して、ものがほどよい大きさであること、人の動きに対して広すぎず狭すぎず、息苦しさもなく、身の置きどころが定まりやすいのが、小洒落て小粋な広さです。

一戸建てなら、外観はシンプルにして、内側を充実させることが、小洒落て小粋で、こざっぱりした住まいをつくります。人間と同じです。

庭のあるなしにかかわらず、シンプルな外観にふさわしい植物の取り合わせが、こざっぱりした外観に、小粋さを加えます。坪庭や中庭、または玄関に、「シンボルツリー」として一本の樹（常緑樹でも落葉樹でもよい）を植えると、象徴的で小洒落たものになります。

〈料理〉に重要なのは、小粋さです。

大げさでなく、さっとつくった簡単なものでありながら、気が利いていて、素材が十分に美味しさを発揮しているもの。逆に、時間をかけてつくった手の込んだものであったとしても、その苦労を感じさせない料理も、やはり小粋です。

小粋なお料理とは、季節感のある料理だともいえます。自然界の変化は身体に影響を与えていますから、その変化を受け止めて健康でいられるためにも、季節の食材を用いることが大切です。

・春には、エンドウ豆のご飯。彩りも白と若緑で春らしい。タケノコご飯や若竹煮、菜の花の素揚げやタラノメの天ぷらも。

・夏は身体が酸味を欲しますから、キュウリを使った酢のものの鰻ざく（キュウリと鰻）、キュウリのサンドイッチ、ポテトサラダも。

・秋にはキノコ。松茸でなくても蒸し焼きのキノコは美味しいものです。キノコのリゾットは特に美味しくて簡単です（お米をとがずにオリーブオイルで炒めながらブイヨンで適当な柔らかさまで煮て、そこに炒めたキノコを入れます。パルメザンチーズで仕上げます）。

・冬には大根餅（簡単なつくり方としては、大根をおろして白玉粉を入れ、丸く平らにして焼き、辛子醤油でいただきます）。
リンゴを薄切りにしてオリーブオイルで蒸し焼きにするだけでも、甘味たっぷりのデザートができます（さらにチーズを合わせると、リンゴの力でカルシウムの吸収がよくなります）。

〈今日から始めよう〉

①お洒落の基本は、小ざっぱり。小まめな洗濯とアイロンかけをする。
②手持ちのシンプルでオーソドックスな無地のワンピースに、小粋で小洒落た意外性を加えるとしたら？　鏡の前で工夫してみる。
③住まいの基本は、ものが片付いていて、塵ひとつないこと。
④ものが多すぎて動きにくかったら、処分を真剣に考える。
⑤ささっと簡単につくれる季節感のある料理のレパートリーを持つ。
⑥時間をかけてつくった手の込んだ料理も、苦労を感じさせないように食卓に供する。

33

細部を丁寧に扱う

美しいということは、目的に対して必然性があり、正確で、丁寧なことです。そして、美しいものは、細部まで丁寧な仕上げが施されています。シンプルでカジュアルな生活環境の時代であればこそ、空間の小さな部位に気を配り、食材も丁寧に扱うことで、美しさや美味しさが輝きます。

本業がインテリアデザインですので、「このインテリアでどこか気になるところはありますか、どこを直せばよいでしょうか？」と問われることがあります。

ご趣味に合わせ、いろいろと工夫されてこられたのですから、「素敵ですね」と感嘆を表すべきところでしたが、どうしても気になってしまうことがありました。ドアノブやスイッチパネルが、いささか置かれている調度品などと不似合いだったのです。

空間を魅力的にするのは、置かれている家具などの美しさはもちろんのことですが、窓等の枠、隅や角の収まりなど、細部が適切に整っているかどうかが非常に重要です。毎日手に触れるドアノブやスイッチパネルのデザインなど、見忘れそうな、気にならないように思えるところが、実は、空間の美しさを左右する大切なところなのです。

そして、窓ガラスや食器棚のガラス、テレビ、椅子のスチールの脚など、住まいの中のガラスや金属の部分がよく磨かれていることです。


気に入ったお洒落をして出かけたのに、思わぬところを褒められたり不思議がられたりすることがあるとしたら、それはバランスが悪いとか悪目立ちしているとか、細部が見る人に違和感を与えているからかもしれません。自分で気になりながらも妥協しているところというのは、案外、ほかの人に見られているものなのです。

実際、お洒落な人は、コーディネートする際、ブラウスの襟の形、ジャケットの袖の細さ、微妙な丈、シューズのヒールの高さや太さ、イヤリングのデザイン、ブローチの大きさ、位置など、実に細かいところまで、全体のバランスの中で検討します。

細部が全体にいかに影響するかを知っているのです。


これは、食生活でも同様で、家庭料理は、美味しく栄養価が高いのがいちばんと、盛りつけやお皿の置き方などは二の次とされがちですが、食器は座る位置に正確に置き、お箸やカトラリーはまっすぐに並べます。その繰り返しが、ゆっくり落ち着いた栄養価の高い美味しい食事になるのです。

チェックポイント

忙しい生活の中では、なにごとも大雑把にすませたいところですが、細部に目を向けてみましょう。実は、さほど時間のかかるものではありません。ものにも人にも優しい気持ちを持つ余裕があれば、自然にできることです。

・汚れが気になったらすぐ取り除き、小さなゴミが落ちていたらすぐに拾います。
・ものがゆがんで並んでいたらきれいに並べ替えます。
・引き出しの中はいつでも取り出しやすく美しい状態にしておきます。
・ワードローブは、ブティックのように着たいものがすぐ出せるようにしておきます。

これらのことは、住まいが狭く、すべてが手が届く範囲、目に入る範囲にあるからこそ、できることだともいえます。今までは、狭いから、ものが多いからと言い訳してきたかもしれませんが、狭さに合わせて、少ないものを丁寧に扱って、その細部まで目を行き渡らせることができるのです。

装いの細部は実は体形と姿勢が多くを決定します。服が体形をカバーするというのは、残念ながら幻想です。装いにおいてはまずウエストを絞り、姿勢を整える必要があります。

次に小物です。指先や足先がポーズの決め手になるように、手袋、指先のネイル、靴、帽子、ハンドバッグ、アクセサリー、スカーフ、マフラー、ハンカチーフ、財布や名刺入れなど、自分スタイルの決め手は小物たちが重要な役目を果たします。

特に、シンプルな装いでは、体形も含め、細部が目立ちます。装いは小物で決まり、その出し入れ、着脱の動きとタイミングも美しさを演出します。

住まいも同様です。シンプルになればなるほど素材が目立ち、部分、細部の形が決め手になります。部屋は広さではなく、そこに収まっているものと、行為と、住む人の内面がどれだけ一致しているかによって、美しさが決まります。広さに適した分量のものが美しく、丁寧に置かれているとき、広い空間と同じ広がりを持ちます。

〈今日から始めよう〉

①部屋の細部を見てみる。取り替えられない場合はよく手入れする。
②窓ガラスをよく磨く。カーテンの汚れと風合いの衰えをチェックする。
④ウエストを細くする体操をする。
⑤ブローチのつけ位置、アクセサリーの決め方を再検討する。
⑥取りやすい位置に器を置く。盛りつけが美しく見えるように置く。

34 美しい振る舞いを身につける

美しい空間、美しい衣装、美しい道具、美しい食卓は、美しい生活行為、美しい言葉遣いと一体化したものです。

美しい生活行為は、美しい身のこなしと、その根底にある他者やものへの心配りと思いやりによって生まれます。社交や食事の場、仕事や家庭の場でのいわゆるマナーは、そのひとつの表現方法にすぎません。

ですから、国が違えば、マナーも異なります。けれども、想像力を駆使し、相手がしてほしいと思うであろうこと、その場で必要とされていることを、しなやかで美しい身のこなしで行えば（少なくとも、相手がしてほしくないことをしなければ）、たいていは正解です。

装いについても、人前で美しくあることは、相手に対するマナーです。

なぜ装いがマナーかといえば、たとえばパーティなどの場の華やかさは、招待された人たちによってつくり出されるものだからです。そこには、素敵な衣装を身に着けた美しい人たちが必要なのです。すなわち、パーティでの衣装は自分らしさの表現だけではなく、その場を素敵にする役割もあるのです。

これは、不特定多数の人が集まる場、たとえば、展覧会やコンサートなどでも同様です。お洒落な街角のカフェがなぜお洒落かといえば、お洒落な服装の人がそこにいて、粋なしぐさでコーヒーや紅茶を飲んでいるから。パリの街角が素敵なのは、建物にマッチした素敵な人たちが、美しい身のこなしで歩いているからです。住宅地の街並みも、行き交う人の美しさで決まります。

お洒落やマナーは特別なお出かけのときも、自宅周辺で過ごすときも、自分のためだけではなく、空間を美しくするのに役立っているのです。

そう考えると、後ろ姿にも気を配ることがマナーであることがわかります。後ろ姿の美しさだけでなく、後ろにいる人の動きを感じ取る身体感覚（固有感覚）があれば、スムーズな人の流れをつくります。

ファッション云々という以前に、美しい体形、あるいは体形の弱点を感じさせない美しい姿勢、美しい身のこなしを、相手のため、周囲のためにも考えるべきでしょう。

チェックポイント

食事のマナーは、多くの方が気にすることです。招かれた席で恥ずかしい思いをしないように、ということでしょうが、ほかの人に迷惑にならないために身につけておかなければならないことと考えるべきでしょう。

一方、招く側にも、不慣れな人にもそうでない人にも心地よく過ごしていただくための気遣いが大切です。

たとえば、お料理の見た目の美しさは、つくる側として腕の見せどころではありますが、美しく飾ってあっても簡単には乱れることなく料理を取りやすい盛りつけとか、食べやすい大きさにしておくことなど、テーブルマナーに不慣れなお客さまにも、ほっとできる演出を考えたいものです。

そうした目に見えない気遣いがあるとき、それとはわからなくても、人はその人に、気品を感じます。

また、招く側の振る舞いの美しさという点では、はじめての高級料理に挑戦するより、手慣れた定番料理を愛情込めて、いつもより丁寧につくることをおすすめします。不慣れなことをすると、何でもないことに慌ててしまって失敗したり、足りないものがあるのに途中で気がついてパニックになってしまったりと、何かと問題が起き、美しい振る舞いどころではなくなります。

また、注意したいのが服装です。招かれた側は、それなりに気を遣うでしょうから、気をつけたいのは、むしろ招く側です。お料理の準備に追われて着替える時間がなくなってしまって、時間が過ぎても女主人がエプロン姿でいるなどということにならないように。そして、自宅だからと、カジュアルすぎないように。

気の置けない友人の集まりだとしても、友人たちは、それなりに外出着を着てくるでしょう。互いの服装がかけ離れすぎていると、双方落ち着きません。自宅スタイルに見えながらも少しお洒落なぐらいがお客さまが安心できます。

レストランなどでの集まりなら、服装をその店のインテリア、雰囲気と格調のレベルに合わせます。ひとり明らかにそぐわない格好をしていると、仲間全員が恥ずかしい思いをすることになります。

なお、高級レストランや着席のパーティでは、上半身が主役ですから、その場にふさわしいドレスとアクセサリーで、テーブルトークに華やぎを加えましょう。

仕事を持っている女性の場合、ディナージャケットをひとつ持っていると、いつでもどこでも、大げさになりすぎず、でも格調高く対応できて重宝します。

このように、訪問やお招きには、マナーに関する不安がつきものですが、自宅での家族間でのマナー、ものに対する互いに対するいたわりも重要です。

たとえば、ソファの上で子どもがぴょんぴょんはねるのは、子どもにとっては楽しいことですが、ソファに対するマナーとしてはとんでもないことです。

ものを丁寧に扱うのは、ものに対するマナーです。

自分のものばかりの住まいにおいて、そんな気遣いは堅苦しいと考えがちですが、習慣になれば外でも自然に振る舞えます。日常生活の中で、ものにも人にも丁寧に接していれば、それが、外でそのままマナーとして役立つのです。

そして、ものへのマナーは、住まいを美しく保つことにもなります。

今はなりふりも住まいもかまっていられないときだと誰もが思うときにこそ、美しさを保つことが重要になってきます。部屋が美しければ、外での疲れがとれます。美しくしておくことは、家族へのいたわりの気持ちがあればできます。部屋が汚れていたり乱雑だったりするのは、自分の内面が安定していないことの表れです。部屋を整えると内面も落ち着きます。

そして、自分の部屋は自分へのいたわり、住まいは家族へのいたわりです。

住まいを美しくしておくことは、住まう人の感性を育てますが、それはマナーのよい人を育てることでもあります。自然に表れる品格や気品といってもいいでしょう。

そこで身につくものは身体の躾ですから一生ものです。子どもだけではなく、何歳からでも身につけることができます。

〈今日から始めよう〉

①人前で美しくあることは、相手と周囲の環境に対するマナーだと意識して、その場に適した装いと振る舞いをする。
②相手と環境に対するマナーとして、美しい体形、あるいは体形の弱点を感じさせない美しい姿勢、美しい身のこなしに努める。
③相手に、恥ずかしい思いや緊張をさせないよう気を配る。
④ものを丁寧にいたわって扱う。
⑤自分の部屋、自宅にいるときも、ものや人に丁寧に接する。

35

「定番」を見直す

スーツを仕事着としていた方は、スーツばかりが増えて、定年後に不要なスーツの扱いに困ったそうです。それを見越し、仕事着はいわば制服と割り切って、できるだけ少ない数で着回したという方もいらっしゃいました。

一方、たとえあとで無駄になったとしても、人生の大半を占める仕事をしている「今」を充実したものとするために、スーツのお洒落を極めるという方もいらっしゃいます。

将来の老後を思えば、仕事着と割り切って着尽くすのが正解だとはわかっていても、仕事によっては、衣装での自己表現が重要な場合もありますし、それが仕事をすることの喜びのひとつでもあります。

立場的な装いが必要となることもあります。家族を持つことで、たとえば、妻の立場、母親の立場を表す、その場にふさわしい装いが必要となるケースも出てきます。

将来に備えるか、今を楽しむか、考え方は人によって異なりますが、いずれにしても、ステージが変わると不要になるのは当初からわかっているわけですから、コーディネーションを変えて別なステージでも生かす覚悟、あるいは、ステージが変わったときにはお荷物にしないよう、リサイクルする覚悟で購入することが必要でしょう。

日常着については、家族で着回したり、交換したりすることもできます。ものによってはサイズさえ合えば、男女間でも着回せます。

不要なものでもまだ着られるものは、知人に差し上げたり、リサイクルショップに出すほうが、地球全体の資源という点では、無駄を減らします。逆に、ステージの変化で不要になるであろうものや短期間しか必要のないものを、レンタルやリサイクルショップで得るのも一策でしょう。

住まいについては、より大きな覚悟と決断が必要になるかもしれません。独身時代は、職住接近がなによりかもしれませんが、結婚し、子どもが産まれると、子どもの教育環境が気になります。子どもが独立したあとも同じ広さの家に住み続けるのは、空間と維持費、光熱費の無駄です。老後の生活に備えて住まいを変えるか、あるいは、不要になった部屋を、貸すなり、趣味の部屋にするなり、有効に変化させることです。

ライフステージの意識を高めれば、当然、現在のステージに不要なものは処分することになるでしょう。

チェックポイント

本書の基礎編で、衣食住の自分なりの「定番」をつくることをご提案しましたが、その定番は、永遠不滅のものではありません。我が家の定番は、たとえ、ライフステージの大きな変化がなくても、三～五年に一度は見直すことが必要です。

まず、装いのスタイル。流行にかかわりなく自分のスタイルを決める時代とはいえ、五年も経てば、気づかないうちに、体形は変化していますし、職業上の立場も変わっているでしょう。ワードローブをいったん整理し、服装を見直すときです。

服というのは、今の自分が何者であるかを、すっきりとわかりやすく表現するためのものですから、それに合わないものは実は不要なのです。

着なくなっていた服に、新しいコーディネーションを思いついたり、ちょっとリフォームするだけでよみがえることに気づき、余計な買い物をしなくてすむ場合も少なくありません。

住まいも同様です。ライフステージの変化にもかかわらず、住まいをなかなか変化させようとはしないものですが、引っ越しや大がかりな改築、改装は無理でも、家具のレイアウトぐらいなら手軽に変化させられるでしょう。

家具のレイアウトを変えると、人の動きが変わります。ソファの位置を変えると、見えるものが変わります。部屋の広さも変わって感じられます。

壁紙やウインドウトリートメント（カーテンやシェード、ロールスクリーンなど）の取り替えや椅子の張り替えなども必要です。住んでいる人はなかなか気づかないものですが、黄ばんだ壁やカーテンは、外からきた人にはとても気になるものです。

定番の家庭料理も、三〜五年に一度は見直して、素材や味付けのアレンジをしたり、新しいメニューを加えたいものです。

家族の年齢の変化によって、必要な栄養素、カロリー量も変わってきます。好みも変わってくるでしょう。また、家族やお招きしたお客さまに好評だった、新しい料理のレシピは必ずとっておきます。レシピを残さないと、美味しいものが一過性になってしまいます。

〈今日から始めよう〉

①ライフスタイルの変化を意識し、将来に備えるか、今を楽しむか、覚悟のうえで、衣装を決める。
②三〜五年に一度は、衣食住のわが家の「定番」を見直す。
③家具のレイアウトを変えるだけで、人の動きが変わる。
④定番の家庭料理に、新しいメニューを加える。

36

美しさを極める

わたくしたちは、衣食住のすべてにおいて、和と洋両方の文化を楽しんできた結果、ほんとうの豊かさではなく、ものの多い生活を送ることになってしまいました。その結果でしょうか、必要以上のものを持たず、落ち着いた豊かな暮らしにあこがれるようになりました。

そのためには、わたくしたちを取り巻く多重文化をまとめなくてはなりません。何を選ぶかがはっきりすれば、自分文化（自分自身）が現れてきます。

その選択の基準としてわたくしが提案したいのが「美しさ」です。

望めば、衣食住に最高のものが手に入れられる時代だからこそ、これまで自然に身につけてきた感性と知識をもとに、一人ひとりが自分自身の判断で、美しく洗練された生活をつくり上げていくときがきたのです。自らの美意識で自分文化をつくり出す時代です。

女性がもっとも美しく見える衣装ということになると、やはり一八世紀の貴婦人たちが装ったものといえるでしょう。もちろん、一八世紀の衣装と現代のそれをそのままに対応させることはできません。生活行為が違いますし、豪華さ対簡素さと、まさに目指すところは正反対です。

けれども、その洋装が現代の一般的な装いにつながっているのは事実ですので、美しさのポイントには学ぶべきものがあります。

まず、首筋から肩、そして胸に至るデコルテ部分の表現は、ドレスがシンプルな場合でも、夏服や礼服（ソワレ）などでも、いつも美しさの一大ポイントです。

続いて、ウエスト。当時はコルセットでウエストを極端に細くすることで、スカートのボリュームとのバランスを強調していました。今や、女性の抑圧の象徴ともされるスタイルですが、時代は変わっても、ウエストの強調は、全体のバランスからも美しさの焦点になります。ウエストを意識すると、背筋も伸びて立体感が生まれます。ベルトなどでウエストを強調することもできます。

そして、ほっそりと長い腕と細い手首、足首。一八世紀の衣装では、ひじの位置で袖を広げることにより、ひじから手先までをほっそり見せています。これを現代の服に当てはめれば、フレンチスリーブか五分袖が美しく見えるということです。腕を長く見せるには、細めの長袖、脚を長く見せるには細めのパンツが効果的です。

このように、現代のシンプルで活動的なスタイルにも、一八世紀の衣装の「強弱バランス」手法は使えます。この原点から洗練の一歩が始まります。

では、日本の和装の伝統の中に学べるものはないでしょうか。

基本的に、デザインはほぼ一定、寸胴な日本人の体型に合わせ、洋装とは真逆に、身体の凹凸を見せない和装は、シルエットではなく、色の組み合わせで楽しむ衣装です。

そこで生まれたのが、古く平安時代の十二単、重ねの色目《いろめ》などで知られる、色を重ねて美しさを表現する技法。質素・簡素・簡潔に季節感を表し、着る人の立場を示しながら、優雅な趣があります。

それを見ると、色彩は一色で成り立つものではなく、隣り合った色、近くにある色と互いに影響し合って美しさをつくり出していることがよくわかります。

日本の「色目」には、洋装には通常用いられない色の組み合わせが多数ありますが、改めて見てみると実に新鮮。レイヤード・ファッション（重ね着）や個性的な小物使いの参考にもなるはずです。

色彩に限らず、日本の美の表現には、「重ねる」という技法が伝統的に用いられてきました。今も、日常生活の至るところに見られます。

そのひとつが、光を重ねるというものです。

日本の障子は、和紙を通して部屋に入り込む太陽の光をコントロールして楽しむものでもあります。外に樹木があれば、その影も含めて、室内の畳に映ります。障子の重なりが光を弱め、奥は影となり、その弱い光を金屏風が反射します。日が傾けば、光は赤みを帯びてきます。

いずれの場合も、わたくしたちは、その光の色を、それが照らしている畳やふすまなどの色と重ねて見るわけです。


現在の洋風の住まいにおいても、窓の外からの光をコントロールし、中の光を閉ざし、そして室内を演出するウインドウトリートメントの役割は重要です。窓からの光の重なりが、季節と一日の時間の推移の中で変化する様子は、住まいの美しさの重要な要素となります。

これは、夜の照明器具による光の演出も同様で、照明器具というのは、作業や読書のための機能的な手元照明以外は、部屋を明るくするというより、光の重なりによっていかに室内を美しいものにするか、その演出効果のためのものなのです。

チェックポイント

美しく洗練された住まいとは、落ち着きのある住まいです。住まう人の安心感が落ち着きにつながります。そして、来客にとっての落ち着きとは、日常的なものがあちらこちらと目に入らないことです。すっきりした中で目に入るものが美しく、心なごむものであることです。

というわけで、ものの収納が上手な人が、美しく住まうことのできる人です。

日常に必要なもの、楽しみたいものが豊かになったからでしょう。和もの洋もの両方を楽しんでいるわけですから、単純に考えても、ものは二倍になります。

出し入れしたり、しつらえたり……住まいの洗練にたどり着くのはたいへんそうです。けれども、それをいろいろ考え、工夫して、住まう人も来客も居心地よく長居をしてしまう、出かけるよりは自宅で過ごしたいと思えるような住まいにすること、それが住まいにおける美しさを極めるということです。

今の狭さは一時的なこととあきらめるのではなく、今のままで、いかに美しく洗練された住まいにするかを考え、つくり出していく努力が必要です。今ある空間をベストにできる人が、次の空間もベストにできるのです。

家庭料理の美しさとは、ふつうの素材をいかに美味しく見せるか、です。

・まずは彩りです。美味しい色、食欲をそそる色があります。黄、オレンジ、赤、グリーン、そしてご飯の白、パンの茶色も加わります。

・次に香り。朝のコーヒー、焼きたてのパンの香り、おみおつけや炊きたてのご飯、煮込んだシチュー、スープの香り。スパイスの香りは大人の食欲をかき立てるものでもあります。

・そして、盛りつけです。元気のよい子どもたちにはたっぷりな盛りつけ。大人には、彩りや食材と食器とのバランスがよく、お洒落な盛りつけが、食欲を誘います。

・派手なお皿に地味な食材、地味なお皿には元気のある彩りのものを盛ります。盛りつけ方も、重要です。

・野菜だけの盛り合わせは、いきいきと立体的に盛りつけると、とりやすいだけでなく、見た目も美しくなります。

・魚は、切り身でなければ、お頭《かしら》の位置が重要です。大きなものは左にお頭。何匹かの小魚は、尻尾が上でお頭が下になるように盛りつけます。

焼き加減、揚げ加減も料理の洗練された美しさにとって重要です。きつね色の揚げ具合が美味しい色であり、いちばんよい揚げ加減です。

〈今日から始めよう〉

①「美しさ」を基準に、衣食住のものを整理する。

②女性の身体のラインを美しく見せる洋装の黄金律を知る。

1　デコルテ

2　ウエスト

3　細い手首、足首

②日本の和装からは、色彩を重ねる技法を取り入れる。

③住まいの照明やウインドウトリートメントを、光の演出という面から見直してみる。

④住まいは、広さに関係なく、余計なものが目に入らない状態への収納、持ちものの整理を常に考え続ける。

⑤家庭料理は「いかに美味しく見せるか」を基本に、彩り、盛りつけを考える。

あとがき

今、わたくしたちは、すべてを見つめ直すときだと感じています。現実を無視するわけにはいきません。地球上に存在している生きものとして、無駄なことをしている場合ではありません。無駄もいつかは役に立つなどという「いつか」はありません。とはいえ生きている限り、人である限り、ほんとうの自分の豊かさを目指し、いつでも美しくいたいと思います。それが生きていることでもあります。美しく生きたいという願いは、多くの人の心からの願いではないでしょうか。

長い間、住まいの空間設計、デザインにかかわってきましたが、やはり大切なのは日常生活です。それを自分の手でどのように磨いていくか、高めていくかが人生のすべてといってもいいでしょう。日常生活は「衣食住」すべてに「自分文化」を総合させることです。そして自分の内面を癒し、感性を磨く場所です。

専門は「住関連のデザインでしょう？　料理、衣装のデザインは別ものではありませんか？」とお思いの方が多いのですが、生活のすべて、衣も食もあって、住まいがそれを包み込みます。住まう人がそこで生活を楽しむ、それが住宅です。

美しい住まいをつくるために今は予算を稼ぎ出して、そのあとで考えますという方もおられます。忙しいから日常生活を雑に疎んで処理しながら予算づくりに励んでいると、日常生活を大切にしない習慣がつきますから、いざ、つくり上げた予算で美しい生活を、と思ってもただちにできるものではありません。

美しい生活は、予算ではなく、美意識でつくられるからです。そして、美意識は、日常生活の中で、日々、磨かれます。といっても、意識しなければ、それは育まれません。そこで、少しでもお役に立てばと思い、その技術、知恵、心得を本書でご紹介しました。

幸せはどこから？

どうしたら幸せになれるのか？　誰もが模索しています。

これまで長い間、わたくしたちは、幸せは豊かな富によるものだと考えてきました。それは、かつて、君主を頂点とする特権階級に富が凝縮することによって、文化がつくられてきたからです。文化の創造には、富が必要でした。だからこそ、多くの人たちにとっても、富を目指すのは、ごく当たり前のことだったのでしょう。

ところが今日では、富の凝縮はさらなる富を生むために当てられることが多く、文化の創造には投資されません。

富の凝縮も、幸せを招くための芸術や美しいものの誕生になるのでしたら、それもよいと思っていたのですが、それすら期待できないのなら、富とは無縁に美をつくり出すしかありません。美を感じる心をレベルアップし、草の根の運動よろしく、美しいものへの切なる想いとまっすぐな眼差しだけを頼りに幸せを求めます。

なぜなら、美しさこそが幸せをもたらすものだからです。


人それぞれの生き方の中で、美しいものに向かうことが必要です。境遇を認め、流れと戦わず、多くを求めず、初心を忘れず、努力と素直さをなくさず、半分くらいの幸運を上手にとらえて、ふつうの日常を感謝して生きることです。

美しいものによって目が肥え、美味しいものによって味覚が肥えることは、決してなくなることのない財産です。

美しいものを富で得ようとするのではなく、美しいものから幸せを得ましょう。現在、若い人たちの間でお金やものに執着しない人たちが増えてきたのは、たんに、広がるばかりの格差と国力の衰退を日々感じる日本において、将来への不安とあきらめの中にいるからばかりではなく、富から幸せが得られるのではないことを、悟ってきているからでしょう。


人を喜ばせたいとか、美しく生きたいとか、正しく生きたいといった願望は、その努力の過程で、幸せを見出すことができます。富ではなく、努力目標を持っていることが幸せなのです。そして、これこそが、「清貧」の豊かさであると思います。すなわち、幸せを感じる技と力を身につけることです。

若い人たちの間で、社会貢献活動や社会的起業を目指す人たちが増えてきているのも、きっと幸せが、どこからくるか、わたくしたち世代を反面教師に学んできたからかもしれません。

富が、日常に差し障りなくほどほどにあることは必要ですが、それでも、富と幸せは無関係です。富と幸せを切り離して考える時代に、わたくしたちはようやくたどり着いたのでしょう。

衣装の美しさは予算と無関係

高級なブランドが美しさを支配していた時代は終わりました。他人にブランド名を尋ねるのは不作法です、その人の美しさとは関係なく、「お金持ちですか？」と尋ねているようなものです。時代は限りなくカジュアルですが、これを着こなすのは予算ではありません。

身体を鍛え、センスを鍛えることです。身体を鍛えるには、自らの手足を使ってたゆみなく続けることが成功の秘訣です。大げさな器具は不要です。スパやジム、スポーツクラブはエンターテインメント、社交の場と考えて、鍛えて美しくなってから行くと楽しいでしょう。

お洒落のセンスを鍛えるには、集中してお洒落に興味を持つこと。やがて、人真似ではないレベルまで到達します。流行に興味はなくとも時代感覚をとらえることは必要です。

今は、低予算で十分自分を表現できる時代です。仕事着はサスペンス・アクション映画に見られる女性主人公のようなイメージで。その女優さんの真似をすることではなく、シチュエーションのポイントをおさえます。

カジュアルさが美しさを持つのは活動的なシーンでのことです。活動中に上着をとり、インナーが出てもスタイリッシュでいられるようにしておきます。靴、手袋、コート、帽子、バッグなど、小物使いが決め手です。さらにアート感覚も加えてその先へ進みましょう。着こなすセンスが、富に勝るための必要条件です。

美味しさは予算ではなく

食べものを美味しくするのは技術と愛情です。現代はテレビ、インターネットで手軽すぎるくらいにレシピを知ることができますが、そのまま真似るのではなく、自分で考えて調理手順を組み立てます。見て覚えた技術は丁寧に繰り返して身につけます。料理は感性でもあり化学反応でもあるとすれば、多くのことが納得できます。失敗も学習として身につけます。

陶芸家たちは感性だけで作品をつくり上げるわけではなく、成形を確かめる試作、上薬の調合、焼き上げる温度の調節など、多くのデータを残しつつ創作しています。それに倣って、レシピにはお天気や気温、食べた人の反応なども書き入れたいものです。

愛情を気持ちだと思うのは早合点です。食べる人の好みや体調、美味しく見える演出こそが愛情の基本です。自分や家族のために、どんな美味しさが元気につながるのかを想像するのが愛情です。想像力が愛情、思いやりの実態です。

気温の違い、つくる人のコンディションの違い、食べる人のお疲れ度などの違いで、同じレシピでも同じような美味しさにはなりません。それを調整するのが技術と愛情です。いずれにしろ、予算ではありません。

住まいは予算以上に育てたい

唯一、予算に左右されるものがあるとしたら、住まいでしょうか。かつてのように一戸建てを持つことを人生の目標とするサラリーマン家庭の時代は終わりましたが、賃貸であれ、地方住まいであれ、マンションであれ、住まいを整えるには、ある程度の予算が必要です。

住まいに何を求めているかは人それぞれですが、結局は予算に立ち戻るのが常なのです。いろいろと盛り込んで予算が足りなくなり、行きつ戻りつするのは当然のことです。

夢を現実にするには、執着していることから切り捨てていくのが早道です。何の理由から新居を求めることになったのか、そこに立ち返るのも、現実に根を下ろすことになります。

住まいの予算は広さに関係なく、限りなくかけることができますが、だからといって住まう人にふさわしいかどうか、住まう人の快適さを満足させるものであるかどうかはわかりません。予算が少なくても上質さは表れます。建物だけではなく家具選びやウインドウトリートメントなど、内部にこそ上質さが大切です。

住まいは生きものと考えてもよいでしょう。経年変化もありますから、修理や手入れも必要ですが、それに加えて住まう人が育てていくものです。成長させるものです。贅を尽くした予算たっぷりの住まいでも、そのまま手入れをしなかったら、廃墟になっていきます。豪華であればあるほど、手入れが必要だともいえます。

清貧でこぢんまりした住まいは、かける予算は少なくても、経年変化も自ら手入れをして、成長を楽しむことができます。ものは数少なくてもよいものを選びます。

住まいは自分で育てることで、自分にふさわしいものになります。

今や日本の狭い住まいは世界からも注目され始めています。ただし、狭いだけでは注目に値しません。便利さと美しさが共存し大邸宅に勝るとも劣らない快適さを持ち、日本人の感性の素晴らしさが理解されたとき、日本の狭い住まいが意味のあるものになるのでしょう。

少ない予算でも、日常生活に意識を向けて、それを大切にするためにどのように予算を使うかをやりくりしながら考えていると、多くの智恵が浮かびます。その積み重ね、繰り返しで、丁寧に日々を過ごせば、狭い部屋でも美しい。いいえ、「狭いから美しい」が実現していきます。

不相応な豪華さに惑わされることからも、生活の豊かさだけでなく心の豊かさと人生の美しさまでをも奪ってしまうような過度な節約生活からも解放され、そのときどきの身の丈に合わせて、常にシンプルにバランスよく生きることに、そして、伸び伸びとフットワーク軽く、喜びとともに生きることに、本書が役立てばと願います。

そして、日常生活をアートとも文化とも認識し、内面生活に重点を置く豊かな生き方をしていくための、ご自分の「規範」をつくり出すヒントになれば幸いです。

本書のためにたくさんのご尽力をいただきましたディスカヴァー・トゥエンティワン社長干場弓子さまに、この場をお借りして心より感謝申し上げます。

加藤ゑみ子

二〇一七年　春を待ちながら

少ない予算で、毎日、心地よく
美しく暮らす36の知恵

発行日　2017年2月25日　第1刷

Author　加藤ゑみ子
Book Designer　米谷知恵

Publication　株式会社ディスカヴァー・トゥエンティワン
〒102-0093 東京都千代田区平河町2-16-1 平河町森タワー11F
TEL　03-3237-8321（代表）
FAX　03-3237-8323
http://www.d21.co.jp

Publisher & Editor　干場弓子

Marketing Group
Staff　小田孝文　井筒浩　千葉潤子　飯田智樹　佐藤昌幸　谷口奈緒美　西川なつか　古矢薫
原大士　蛯原昇　安永智洋　鍋田匠伴　榊原僚　佐竹祐哉　廣内悠理　梅本翔太
奥田千晶　田中姫菜　橋本莉奈　川島理　渡辺基志　庄司知世　谷中卓

Productive Group
Staff　藤田浩芳　千葉正幸　原典宏　林秀樹　三谷祐一　石橋和佳　大山聡子　大竹朝子
堀部直人　井上慎平　林拓馬　塔下太朗　松石悠　木下智尋

E-Business Group
Staff　松原史与志　中澤泰宏　中村郁子　伊東佑真　牧野類　伊藤光太郎

Global & Public Relations
Group Staff　郭迪　田中亜紀　杉田彰子　倉田華　鄧佩妍　李瑋玲　イエン・サムハマ

Operations & Accounting
Group Staff　山中麻吏　吉澤道子　小関勝則　池田望　福永友紀

Assistant Staff　俵敬子　町田加奈子　丸山香織　小林里美　井澤徳子　藤井多穂子　藤井かおり
葛目美枝子　伊藤香　常徳すみ　鈴木洋子　板野千広　住田智佳子　竹内暁子
内山典子　坂内彩　谷岡美代子　石橋佐知子　伊藤由美

Proofreader & DTP　文字工房燦光
DTP　アーティザンカンパニー株式会社
Printing　シナノ印刷株式会社

Photo　ⓒ iStockphoto®, 2014　カバー：ⓒ lyulka　扉：ⓒ Nocturnus
P105：ⓒ yulkapopkova ⓒ Xsandra　P106～P 107：ⓒ zhudifeng
P112：ⓒ aurumarcus　P113：ⓒ frank0815　P114：ⓒ loonara　P115：ⓒ MaxDahlia

・定価はカバーに表示してあります。本書の無断転載・複写は、著作権法上での例外を除き禁じられています。インターネット、モバイル等の電子メディアにおける無断転載ならびに第三者によるスキャンやデジタル化もこれに準じます。
・乱丁・落丁本はお取り替えいたしますので、小社「不良品交換係」まで着払いにてお送りください。

ISBN978-4-7993-2040-2　ⓒ Emiko Kato 2017, Printed in Japan.